健康長寿のためのスポートロジー

（三訂版）健康長寿のためのスポートロジー（'24）

©2024　田城孝雄・内藤久士

装丁デザイン：牧野剛士
本文デザイン：畑中　猛

o-38

まえがき

**スポートロジーは，スポーツにより，心身の健康を保持増進して，健康で活力
に満ちた長寿社会を実現させるための学問**

　一般教養科目として，『健康長寿のためのスポートロジー（'24）』を開
講します。本講座は，2015年に新しい学問体系としてスポートロジーを
打ち立てるべく日本で初めて開講した『健康長寿のためのスポートロ
ジー（'15)』，次いで2019年開講の『健康長寿のためのスポートロジー
（'19)』を継承しています。

　『健康長寿のためのスポートロジー（'19)』から，第2章・第4章担
当の森谷敏夫先生が町田修一先生に，第3章担当の鈴木大地先生が大西
朋先生に，第7章・第8章担当の島田和典先生が横山美帆先生に交代さ
れました。

　身体を動かすこと，つまり運動やスポーツが健康に良く，寿命を延ば
すことは多くの研究結果から明らかになっています。

　スポーツ基本法前文には，「スポーツは，心身の健全な発達，健康及び
体力の保持増進，精神的な充足感の獲得，自律心その他の精神の涵養等
のために個人又は集団で行われる運動競技その他の身体活動」であると
記されています。また，「スポーツは，心身の健康の保持増進にも重要
な役割を果たすものであり，健康で活力に満ちた長寿社会の実現に不可
欠である」とも，記されています。

　このことから，運動やスポーツにより人々の心身の健康を保持増進し
て，社会全体を健康で活力に満ちた社会として，長寿社会を実現させ，

また医療費・介護費など社会保障費の急激な増加を緩和させるための学問体系を構築する必要性を強く感じました。

スポートロジーについて

スポートロジー（Sportology）は，新しい言葉で，スポーツ「Sport」に，学問を意味する「ology」をつなげた造語です。

スポートロジーは，新しい概念です。運動が筋肉に与える影響を分子生物学的に，遺伝子レベルから考察するなど，運動が心血管病，メタボリックシンドローム，ロコモティブシンドローム，骨折，認知症，がんに与える影響を，分子生物学をはじめとする基礎医学から臨床医学に応用するトランスレーショナルリサーチから，超高齢化社会となる我が国の国民・高齢者の健康を保持・増進するための運動処方を作成して，普及することにより，我が国の健康と福祉に貢献する社会医学までを含む新しい学問体系です。

団塊の世代が 75 歳以上の後期高齢者となる 2025 年に向けて，国民の幅広い年代で，多くの人が健康への関心が深く，科学的な根拠に基づいた，運動が健康増進や疾病予防に与える影響に興味を持っています。スポートロジーは，まさに，国民のこのような知的好奇心・知的欲求に応えるものです。

スポートロジーとは，「スポーツにより，心身の健康を保持増進して，健康で活力に満ちた長寿社会を実現させるための学問」と言えます。

国際スポートロジー学会が設立され，2011 年 3 月 22 日に，第 1 回国際スポートロジー学会学術集会が開催されました。

本講座の構成

第1章　健康長寿のためのスポートロジーでは，運動不足などの生活習慣に基づく生活習慣病が三大死因や要介護状態の原因となることを示し，社会医学的観点から，運動の重要性に触れます。

第2章は，身体運動と寿命について，第3章は水中運動の効果について，第4章は運動と体力について，運動生理学の立場から解説します。

第5章から第10章は，臨床医学の研究者が，運動とメタボリックシンドローム，糖尿病，心血管疾患，動脈硬化を基盤として発症する虚血性心疾患，心不全，骨粗鬆症，変形性膝関節症などの関節疾患，ロコモティブシンドロームについて，解説します。

第11章は，運動と骨格筋について，運動生理学の立場から論じ，骨格筋が力を発揮する基本的なしくみを解説し，骨格筋と健康やスポーツとの関わりの深い事柄，特に加齢に伴う筋萎縮（サルコペニア）およびアスリート遺伝子を題材に分子，遺伝子のレベルから骨格筋の適応について解説します。

第12章・13章では，脳生理学の立場から，運動が脳に与える影響を脳画像などにより視覚的に解説し，さらに，認知症の種類とそれぞれの病態，進行について概説した後，運動を含めた様々な認知症の予防法について解説します。

第14章では，二人に一人ががんになると言われている現在において，がんの発生と運動，特に運動不足，および生活習慣との関係について，解説します。

最後に，子どもの頃から運動やスポーツに親しみ，体を動かす習慣を身につけることは，大人になってからの運動習慣や体力にも良い影響を与え，肥満，高脂血症，糖尿病，高血圧症，心臓病，がん，ロコモティブシンドロームなどの発症リスクの抑制に貢献すると考えられていま

す。健康で活力に満ちた長寿社会を実現させるためには，成人・高齢者のみが運動するのでは不充分です。全世代，特に子供時代・学童期から，運動習慣をつけることが重要です。この全世代において運動習慣を身に着けることが，我が国とって重要です。第15章では，これまで蓄積されてきた体力・運動能力に関する調査データに基づいて，特に，子どもの体力・運動能力の現状とその課題を理解し，この課題解決に向けた取り組みの在り方について，解説します。

本講座の講師陣

　本講座の講師陣は，運動生理学，応用生理学，スポーツコーチング科学，脳生理学，病理学・がんの基礎医学，臨床医学（代謝内分泌内科学，循環器内科学，整形外科運動器医学），社会医学（公衆衛生学・医療政策学）の研究者からなっています。

2023 年 11 月

スポートロジー（'24）主任講師

田城　孝雄

内藤　久士

目　次

1 | 健康長寿のためのスポートロジー

田城孝雄

《目標＆ポイント》 現代の医療環境と健康増進，予防医学について説明し，スポートロジーという新しい学問体系の必要性について解説する。スポートロジーは生活習慣病の予防や治療，要介護回避のための転倒・骨折や寝たきり予防，認知症の予防や治療に応用するための新しい学問体系である。
《キーワード》 要介護状態，生活習慣病，スポーツ，スポートロジー，スポーツ基本法，スポーツ庁

1. 運動習慣は寿命を延ばす（運動習慣と平均余命）

運動習慣は，健康や寿命に良い影響を与えることは，数多くの研究で明らかになっている。1つの例として，Chi Pang Wen らの台湾における研究の結果をあげる[1]。

この研究は，男性 199,265 名と女性 216,910 名を対象として，平均追跡期間は，8.05 年であった。

1日 15 分程度運動する群（低活動群）は，運動しない非活動群と比較して，死亡率が 14％減少した。これは，平均余命が約 3 年長くなったことと相当する。1日 15 分の最低運動量に，さらに 15 分の運動を加えるごとに，全死因死亡率が，4％ずつ減少した。

逆に，非活動群は，1日 15 分の運動の低活動群と比べて死亡リスクが，17％増加した。

このように，1日 15 分程度の運動でも，平均余命を延ばす効果があ

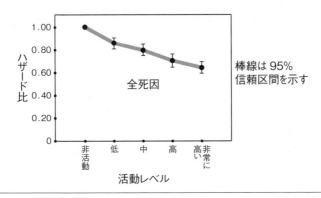

図 1-1　**身体活動量と死亡率低下の関係**（非活動群との比較）

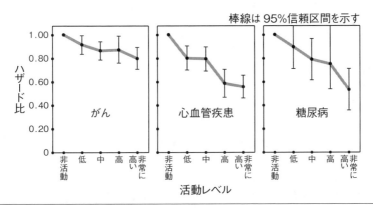

図 1-2　**身体活動量と死亡率低下の関係**（疾病別）

ることが示された（**図 1-1, 1-2**）[1]。

2. 要介護状態の原因となる疾患

（1）要介護状態の原因となる疾患

　表 1-1 に，介護が必要となった原因をあげる。要介護者全体でみる

14

表 1-1　現在の要介護度別にみた介護が必要となった主な原因の構成割合
（2019 年 6 月）

	要介護者 （単位：%）	要介護 1	要介護 2	要介護 3	要介護 4	要介護 5
総数	100.0	100.0	100.0	100.0	100.0	100.0
認知症	24.3	29.8	18.7	27.0	20.2	24.0
脳血管疾患（脳卒中）	19.2	14.5	17.8	24.1	23.6	24.7
高齢による衰弱	11.4	13.7	11.6	9.3	9.7	8.9
骨折・転倒	12.0	10.6	13.5	12.1	15.1	7.5
関節疾患	6.9	7.2	9.7	5.3	3.8	2.9
心疾患（心臓病）	3.3	3.3	3.7	2.2	3.5	3.3
呼吸器疾患	2.7	3.0	2.1	1.6	4.1	4.3
悪性新生物（がん）	2.7	3.2	3.1	2.1	1.6	2.1
糖尿病	2.3	1.9	2.9	2.2	1.5	2.9
パーキンソン病	2.6	2.3	2.8	2.8	3.4	2.0
脊髄損傷	1.6	1.3	1.9	1.5	0.4	2.8
視覚・聴覚障害	1.1	0.6	2.0	1.3	–	0.5
その他	8.1	6.6	7.9	7.2	9.8	14.1
わからない	0.8	1.2	0.9	0.2	1.5	–
不詳	0.9	0.7	1.2	0.9	1.9	–

（厚生労働省「2019 年 国民生活基礎調査の概況」[2] より作成）

　と，認知症が最も多く 24.3% であり，次いで脳血管疾患（脳卒中）が 19.2% を占める。次いで，高齢による衰弱 11.4%，骨折・転倒 12.0%，関節疾患 6.9% となっている[2]。

　表 1-2 に，要介護度別の要介護状態の原因となる疾患を示す。軽度の要介護者では，関節疾患，認知症，高齢による衰弱が多く，要介護 3 以上では，脳血管疾患（脳卒中），認知症が多くなっている[2]。

表 1-2　現在の要介護度別にみた介護が必要となった主な原因（上位 3 位）
　　　　（2019 年 6 月）　　　　　　　　　　　　　　　　　　（単位：%）

現在の要介護度	第 1 位		第 2 位		第 3 位	
総　　数	認知症	17.6	脳血管疾患（脳卒中）	16.1	高齢による衰弱	12.8
要支援者	関節疾患	18.9	高齢による衰弱	16.1	骨折・転倒	14.2
要支援 1	関節疾患	20.3	高齢による衰弱	17.9	骨折・転倒	13.5
要支援 2	関節疾患	17.5	骨折・転倒	14.9	高齢による衰弱	14.4
要介護者	認知症	24.3	脳血管疾患（脳卒中）	19.2	骨折・転倒	12.0
要介護 1	認知症	29.8	脳血管疾患（脳卒中）	14.5	高齢による衰弱	13.7
要介護 2	認知症	18.7	脳血管疾患（脳卒中）	17.8	骨折・転倒	13.5
要介護 3	認知症	27.0	脳血管疾患（脳卒中）	24.1	骨折・転倒	12.1
要介護 4	脳血管疾患（脳卒中）	23.6	認知症	20.2	骨折・転倒	15.1
要介護 5	脳血管疾患（脳卒中）	24.7	認知症	24.0	高齢による衰弱	8.9

注：「現在の要介護度」とは，2019（令和元）年 6 月の要介護度をいう。
（厚生労働省「2019 年 国民生活基礎調査の概況」[2）]より作成）

（2）生活習慣病

　三大死亡原因として知られる，がん（悪性新生物），心疾患，脳血管疾患は，「主として，脳卒中，がん，心臓病など 40 歳前後から死亡率が高くなり，しかも全死因の中で上位を占め，40 歳から 60 歳の働き盛りに多い疾病」として，当初成人病と定義されていた。（昭和 32 年の成人病対策協議連絡会）

　1996（平成 8）年 12 月 18 日の公衆衛生審議会で，成人病という概念から，生活習慣に着目した疾病概念を導入することとなった。「食習慣，運動習慣，休養，喫煙，飲酒等の生活習慣が，その発症・進行に関与する疾患群」を，生活習慣病（life-style related disease）と定義することとなり，あらたに生活習慣病という呼称が生まれた。これにより，生活習慣に着目した疾病対策が行われることになった。

　さらに，2005（平成 17）年 9 月には，「今後の生活習慣病対策の推進

16

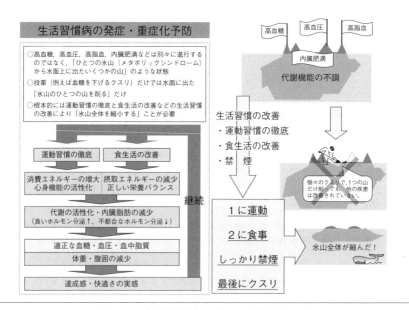

図1-3　生活習慣病の発症・重症化予防
（厚生労働省「生活習慣病健診・保健指導の在り方に関する検討会第1回会議」配布資料[3] より引用）

について」の検討がなされた。糖尿病・循環器病対策を，治療から始めるのではなく，予防を重点的な目標とし，メタボリックシンドロームの概念を導入した健診・保健指導を行うことが提言された。運動指導と栄養指導を一体化し，生活習慣病の対策に，さらに積極的に取り組むこととなった（**図1-3**）[3]。

3. スポーツ・運動・体育

（1）スポーツ

　スポーツとは，『広辞苑（第七版)』によると，「陸上競技・野球・テニス・水泳・ボートレースなどから登山・狩猟などにいたるまで，遊戯・

競争・肉体的鍛錬の要素を含む身体運動の総称」とされている。

　スポーツは，人間が考案した施設や技術，ルールに則って営まれる，遊戯・競争・肉体鍛錬の要素を含む身体や頭脳を使った行為である。日本においては身体を使ったものが主体の「フィジカルスポーツ」だけをスポーツとみなす考えが強いが，思考力や計算力といった頭脳を主体の「マインドスポーツ」も本来はスポーツに含まれている。

　競技として勝敗や記録を主の目的として行う場合はチャンピオンスポーツ，遊戯的な要素を持つ場合（楽しむことや体を動かすことを主の目的として行う場合）はレクリエーションスポーツと呼ぶこともある。

① 「スポーツ」の語源

　ラテン語の deportare にさかのぼるとされ，「ある物を別の場所に運び去る」転じて「憂いを持ち去る」という語感，あるいは portare 「荷を担う」の否定形「荷を担わない，働かない」という語感から，古フランス語の desport 「気晴らしをする，遊ぶ，楽しむ」を経て現在の sport に至ったと考えられる。

　その原義は現在も保持されているが，意味するものは時代とともに変化している。17 世紀〜18 世紀には，sport は新興階級の地主ジェントリの特権的遊びである狐狩り等の狩猟を第一に指した。

② 近代スポーツ

　19 世紀英国で逞しいキリスト教徒（muscular Christian）運動や運動競技による人格形成論が台頭すると，スポーツ専門組織によって整備されたルールに則って運営され，試合結果を記録として比較し，その更新をよしとする近代スポーツが誕生した。

（2）体　育

　体育とは，『広辞苑（第七版)』によると，「健全な身体の発達を促し，

運動能力や健康で安全な生活を営む能力を育成することを目的とする教育。小学校の教科の名称でもある」とされている。

　学校における授業の教科または科目の1つであり，スポーツ・武道などの各種の運動を通じて，心身の健やかな成長をねらうとともに，自己の体のしくみなども学ぶものである。

　体育は，英語の physical education（身体教育）の訳語として戦後の教育改革において新しく導入された科目である。保健体育は physical and health education の訳語である。

　おおまかな教育目標は，各学校種ごとに学習指導要領で定められている。保健の分野・科目と一緒にして保健体育とされることもあり，学校の教科としては，小学校では「体育」，中学校では「保健体育」，高等学校では普通教育に関する教科（普通教科）として「保健体育」が，専門教育に関する教科（専門教科）として「体育」が存在している。保健では性教育や環境，福祉，家族に関する教育が行われる。

　例えば，高等学校の普通教科「保健体育」については，「体育や保健の見方・考え方を働かせ，課題を発見し，合理的，計画的な解決に向けた学習過程を通して，心と体を一体として捉え，生涯にわたって心身の健康を保持増進し豊かなスポーツライフを継続するための資質・能力を育成することを目指す」と規定されている。（文部科学省[4]より引用，筆者一部改変）

（3）運動（エクササイズ（exercise））とフィジカルトレーニング

　運動の意味は多いが，『広辞苑（第七版）』によると，「体育・保健や楽しみのために身体を動かすこと。スポーツ」とされている。

　フィジカルトレーニング（physical training）とは，肉体能力の維持・強化や健康保持などを目的とした肉体的な運動の総称である。

4. スポートロジーの定義

（1）スポートロジー

スポートロジーは造語であり，スポーツと健康の関わりを科学的に解明する新しい学問分野として新たに創設されたものである。科学的根拠に基づく習慣的な運動によって，生活習慣病の予防や治療，要介護につながる高齢者の転倒・骨折予防，認知症やうつ病の予防などを行おうという新しい学問である。医学とスポーツ健康科学と連携して，個人個人の体質に応じた肥満予防のためのスポーツ療法など，スポーツと医学が手を結び合って，一般市民の健康増進のための様々な対策を打ち出していこうという体系だった学問の教育を目指すものである。

スポートロジー（Sportology）は，単なる"スポーツ医科学"ではなく，身体活動をキーワードとして関連するさまざまな専門分野の深化と統合を目指す新たな学問領域である。（順天堂大学 大学院医学研究科 スポートロジーセンターホームページ[5]より引用）

例えば，順天堂大学スポートロジーセンターでは，生活習慣病の予防や治療，要介護回避のための転倒・骨折や寝たきり予防，痴呆症の予防や治療に応用するための包括的プロジェクトに取り組み，さらに，得られたエビデンスを社会に広く還元し，地方自治体，企業健保組合における疾病データベース構築による運営の効率化やスポートロジー専門スタッフの派遣をも行い，スポートロジーセンターとして予防医学の拠点化を目指している。

（2）社会的背景

戦後社会経済の驚異的な成長により，生活環境は劇的な変貌を遂げた。過栄養と運動不足の結果，生活習慣病は急激に増加しており，その予防

的介入は，国家的急務である。また，少子超高齢化社会の到来により，要介護者が著明に増加している。

日本の年金・医療・介護は，これまでの急速な高齢化に対して，制度改正を行いながら，必要な給付の確保を図ってきた。この結果，日本の社会保障給付費は増加を続け，現在では130兆円を超えている（**図1-4**）[6]。

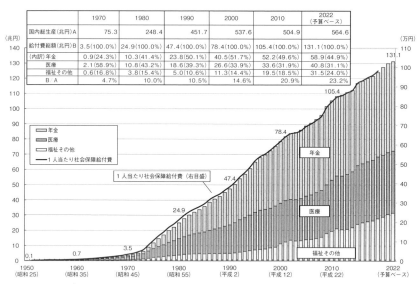

	1970	1980	1990	2000	2010	2022 （予算ベース）
国内総生産(兆円)A	75.3	248.4	451.7	537.6	504.9	564.6
給付費総額(兆円)B	3.5(100.0%)	24.9(100.0%)	47.4(100.0%)	78.4(100.0%)	105.4(100.0%)	131.1(100.0%)
(内訳)年金	0.9(24.3%)	10.3(41.4%)	23.8(50.1%)	40.5(51.7%)	52.2(49.6%)	58.9(44.9%)
医療	2.1(58.9%)	10.8(43.2%)	18.6(39.3%)	26.6(33.9%)	33.6(31.9%)	40.8(31.1%)
福祉その他	0.6(16.8%)	3.8(15.4%)	5.0(10.6%)	11.3(14.4%)	19.5(18.5%)	31.5(24.0%)
B／A	4.7%	10.0%	10.5%	14.6%	20.9%	23.2%

資料：国立社会保障・人口問題研究所「令和元年度社会保障費用統計」，2020～2022年度（予算ベース）は厚生労働省推計，2022年度の国内総生産は「令和4年度の経済見通しと経済財政運営の基本的態度（令和4年1月17日閣議決定）」

（注）図中の数値は，1950，1960，1970，1980，1990，2000及び2010並びに2022年度（予算ベース）の社会保障給付費（兆円）である。

図1-4　社会保障給付費の推移（厚生労働省「社会保障給付費の推移」[6]より引用）

5. スポーツ基本法とスポーツ庁

（1）スポーツ基本法

　スポーツを通じて「国民が生涯にわたり心身ともに健康で文化的な生活を営む」ことができる社会の実現を目指すことを目的として，スポーツ振興法（1961（昭和 36）年）を改正し，2011（平成 23）年にスポーツ基本法が制定された。スポーツ基本法には，スポーツに関する基本理念や，スポーツに関する施策の基本となる事項が定められている。これにより，すべての国民のスポーツ機会の確保，健康長寿社会の実現，スポーツを通じた地域活性化，経済活性化のための施策が行われている。

　以前のスポーツ振興法は，1964 年東京オリンピックの開催を控えて制定され，施設整備等に主眼が置かれていた。

　2013（平成 25）年 9 月 7 日にブエノスアイレスで開催された IOC 総会において，2020 年のオリンピック・パラリンピック競技大会の開催地が東京に決定された。

　スポーツ基本法では，前文で「スポーツ立国の実現を目指し，国家戦略として，スポーツに関する施策を総合的かつ計画的に推進する」ことを謳い，また 3 条では，「スポーツに関する施策を総合的に策定し，及び実施する」ことを国の責務として位置付けるなど，スポーツ振興を国家戦略として位置付けている。

（2）スポーツ庁

①スポーツ庁

　『スポーツ庁』はスポーツ基本法の附則に規定され，2015（平成 27）年 10 月 1 日に，文部科学省や厚生労働省など複数の省庁にまたがるスポーツ行政の関係機構を一本化するものとして，文部科学省スポーツ・

青年局を母体に，文部科学省の外局として設置された。

②スポーツを通じた健康増進

　スポーツ庁のホームページには，スポーツ庁の取り組みとして，「スポーツ基本法の前文には，『スポーツは，心身の健康の保持増進にも重要な役割を果たすものであり，健康で活力に満ちた長寿社会の実現に不可欠』であると規定されています。我が国の国民医療費は年間で約42兆円に達する中，スポーツを楽しみながら適切に継続することで，生活習慣病の予防・改善や介護予防を通じて健康寿命の延伸や社会全体での医療費抑制への貢献が期待されます。スポーツ庁では，関係省庁と連携しつつ，スポーツを通じた健康増進を図ることにより健康長寿社会の実現を目指します。」と記載されている。（スポーツ庁ホームページ[7]より）

　また，2018（平成30）年度には「運動プログラムを活用した健康寿命延伸事業」を行った[8]。スポーツ庁は，まさにスポートロジーの実践を支援・推進する施策を行っているといえる。

6. 運動療法とスポーツ医学

（1）運動療法

　運動療法は，健康維持・増進における運動の効果が医学的に認識され，運動医学・スポーツ医学が研究されるようになって，生活習慣病などに効果が期待されている分野である。現在は主に生活習慣病（高血圧・動脈硬化・虚血性心疾患・糖尿病・高脂血症等）に効果的とされているが，今後は，脳疾患など，「生活習慣＋ストレス」により生ずるその他の疾病についても，運動により生活習慣を改め，また，ストレスを軽減することで，予防・治療効果を得ることも期待される。

（2）スポーツ医学

スポーツ医学は，『広辞苑（第七版)』によると，「スポーツの人体に及ぼす影響，競技者の健康管理などを研究・実践する医学。運動生理学・スポーツ臨床医学などを含む。体育運動医学」とされている。

スポーツ医学の対象者は，スポーツを行っている者，競技者である。競技スポーツ選手などの競技力向上，故障の治療および予防が目的である。

（3）トップアスリートのための強化・研究活動のための拠点を構築するハイパフォーマンススポーツセンター

独立行政法人日本スポーツ振興センター（JSC）では，ハイパフォーマンススポーツを，世界一を競い合うスポーツとして定義している。トップアスリートの強化やスポーツ医・科学，情報に対する研究活動の拠点としてハイパフォーマンススポーツセンター（HPSC）が整備された。

HPSC は，オリンピック競技とパラリンピック競技を一体的に捉え，国立スポーツ科学センター（JISS）とナショナルトレーニングセンター（NTC）が持つスポーツ医・科学，情報等による研究，高度な科学的トレーニング環境を提供し，ハイパフォーマンススポーツの強化に取り組んでいる。(独立行政法人日本スポーツ振興センターホームページ[9]より引用，筆者一部改変)

JISS は，スポーツ医・科学，情報研究推進の中枢機関として2001（平成13）年に設置された。現在は，ハイパフォーマンス・ジム等のスポーツ医・科学の研究施設，トレーニング施設，競技別専用練習場等で構成され，最新器具・機材を活用し，効果的・効率的にスポーツ医・科学，情報等による研究，支援を行っている。(独立行政法人日本スポーツ振興センターホームページ[10]より引用)

7. 適度な運動の強さ

（1）心臓リハビリテーション
①「心臓リハビリテーション」とは

　心臓リハビリテーションは，心臓病の患者が，快適で質の良い生活を取り戻すための総合プログラムである。心臓病の患者が，低下した体力を回復し，精神的な自信を取り戻して，社会や職場に復帰し，さらに心臓病の再発を予防し，快適で質の良い生活を維持することを目指して，①運動療法，②患者教育，③生活指導，④カウンセリングなどの活動プログラムに参加することが，心臓リハビリテーションの内容である。

表1-3　心臓リハビリテーションの効果

1）運動能力が増加し，楽に動けるようになる。
2）狭心症や心不全の症状が軽くなる。
3）不安やうつ状態が改善し，快適な社会生活を送ることができる。
4）動脈硬化のもとになる危険因子（①高脂血症，②高血圧，③糖尿病，④肥満）が軽くなる。
5）血管が自分で広がる能力（血管内皮機能）や自律神経の働きがよくなるとともに，血栓ができにくくなる。
6）心筋梗塞の再発や突然死が減り，死亡率が減少する。（3年間で約25％の死亡率低下）

↓

　つまり，心筋梗塞や心臓手術後の患者が心臓リハビリを行うことにより，動作が楽になり，快適な生活を長く続けることができるようになる。

（公益財団法人循環器病研究振興財団発行「知っておきたい循環器病あれこれ」50号，心臓リハビリテーション入門─社会復帰・再発予防・快適な生活のために─，後藤洋一[11] より）

　心臓病になった患者が，心臓リハビリテーションに参加することにより，体力と精神的な自信を回復し，心臓病の再発予防，生活の質の改善，死亡率の低下などの効果が得られる。

②適度な運動の強さとは？

　運動の効果は，運動の強さが強いほど大きい。しかし，強い運動をすればするほど健康になるわけではない。例えばオリンピック選手は，記録を伸ばすために自分の最大能力のところでトレーニングをする。ところが，強い運動をすると，骨折や腰痛などの傷害の発生率が高くなり（**図 1-5**），心臓への負担も増える。

　心臓病の患者の運動療法の目的は，記録を伸ばすことではなくて，健康を維持することである。最大能力の 40 ～ 60％の強さの運動が適切と

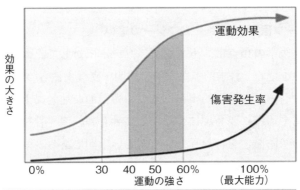

図 1-5　心臓病患者にとって適度な運動の強さとは
（公益財団法人循環器病研究振興財団発行「知っておきたい循環器病あれこれ」50 号，心臓リハビリテーション入門—社会復帰・再発予防・快適な生活のために—，後藤洋一[11] より）

表 1-4　心臓病がある場合の運動処方

運動の種類	早足歩き（さっさと），自転車こぎ，体操 （軽い水泳，ゴルフも可）
運動の強さ	1）最大能力の 40～60％で運動する（目標心拍数） 2）「ややきつい」と感じる，軽く息がはずむ，軽く 　　汗ばむ程度
運動時間	30～60 分（15～30 分×2 回に分割してもよい）
頻度	週 3～7 回（糖尿病は週 5～7 回，心不全は週 3～5 回） うち週 1～3 回は通院外来リハビリに参加する

（公益財団法人循環器病研究振興財団発行「知っておきたい循環器病あれこれ」50
号，心臓リハビリテーション入門―社会復帰・再発予防・快適な生活のために―，
後藤洋一[11]より）

されている。

（2）スポーツ医学とスポートロジーの違い

　スポーツ医学の頂点は，トップアスリートに対して，人間の身体能力
の限界に挑むため，科学的，医学的に解明，支援するものである。また，
スポートロジーは，科学的根拠に基づく習慣的な運動によって，生活習
慣病の予防や治療，要介護につながる高齢者の転倒・骨折予防，認知症
やうつ病の予防などを行おうという新しい学問である。

参考文献

1) Chi PW, et al.：Minimum amount of physical activity for reduced mortality
　and extended life expectancy：a prospective cohort study. Lancet 378：1244-
　1253, 2011.
2) 厚生労働省ホームページ：2019 年 国民生活基礎調査の概況
　https://www.mhlw.go.jp/toukei/saikin/hw/k-tyosa/k-tyosa19/dl/14.pdf

〈2023 年 7 月〉
3）厚生労働省：生活習慣病健診・保健指導の在り方に関する検討会第 1 回会議配布資料
4）文部科学省：高等学校学習指導要領（平成 30 年 3 月告示）保健体育編 体育編.2018.
5）順天堂大学 大学院医学研究科 スポートロジーセンターホームページ：スポートロジーとは
　　https://research-center.juntendo.ac.jp/sportology/about/〈2023 年 7 月〉
6）厚生労働省ホームページ：社会保障給付費の推移
　　https://www.mhlw.go.jp/content/000973207.pdf〈2023 年 7 月〉
7）スポーツ庁ホームページ：スポーツを通じた健康増進
　　https://www.mext.go.jp/sports/b_menu/sports/mcatetop05/list/1399177.htm〈2023 年 7 月〉
8）スポーツ庁：スポーツを通じた健康増進について. 2021.
　　https://www.meti.go.jp/shingikai/mono_info_service/kenko_iryo/pdf/002_05_00.pdf〈2023 年 7 月〉
9）独立行政法人日本スポーツ振興センターホームページ：組織紹介
　　https://www.jpnsport.go.jp/hpsc/about/publications/tabid/1104/Default.aspx〈2023 年 7 月〉
10）独立行政法人日本スポーツ振興センターホームページ：施設案内
　　https://www.jpnsport.go.jp/hpsc/facility/jiss/tabid/1381/Default.aspx〈2023 年 7 月〉
11）公益財団法人循環器病研究振興財団：「知っておきたい循環器病あれこれ」50号，心臓リハビリテーション入門―社会復帰・再発予防・快適な生活のために―. 2005.

学習課題

・運動の強さが強いほど健康になるというわけではない例を示してみよう。

2 │ 身体活動と寿命

町田修一

《目標＆ポイント》　身体活動は，健康で自立的かつ活動的な長寿を達成する
上で重要である。身体活動・運動を継続的に行うと，疾病のリスクが減るこ
とで，平均寿命が延伸する。また，体力（有酸素性運動能力や筋力）も寿命
に影響を及ぼす重要な因子である。とりわけ，余暇時間に身体活動を多くす
ることが，疾病予防や寿命延長に効果的であることがわかっている。ここで
は，身体活動と寿命に関する知見を解説する。
《キーワード》　身体活動，体力，歩行速度，不活動，座位時間

1. 寿命に及ぼす身体活動，体力，歩行速度

　日本人における死因の約60％は「がん」「心血管系疾患」「脳血管系疾
患」で占められており，寿命はこれらの疾患と深い関係にある。生活や
労働が機械化・自動化され，日常生活における身体活動量の低下が生活
習慣病の発症に影響を及ぼすことが実証されており，身体活動自体が健
康を左右する主要な要因として注目されている。身体活動と健康の関連
については，身体活動量の増加が心血管系疾患の罹患率やそれによる死
亡率を低下させ，大腸がんによる死亡の危険性を減少させることが報告
されている。また，運動を習慣化することにより，血液成分の改善に
よって動脈硬化の進行が抑制されることや，精神的ストレスの軽減など
から間接的に各種疾患の発症を抑制できることも報告されている。身体
活動と寿命との因果関係については未知の部分が多く残されているが，
一般人を対象とした身体活動量の低下（不活動）と死亡リスクの関連に

ついての研究や，スポーツ選手と非スポーツ選手の寿命を比較した研究
などの結果から，身体活動によって寿命が延伸する可能性が示されてい
る。

（1）身体活動と寿命

　米国の Breslow ら（1980）による生活習慣と身体的健康度（障害，疾
病，症状など）との関係を調査した結果から，7 つの健康習慣［(1)喫煙
をしない，(2)定期的に運動をする，(3)飲酒は適量を守るか，飲まない，
(4) 1 日 7〜8 時間の睡眠，(5)適正体重を維持する，(6)朝食を食べる，(7)間
食をしない］の有無が寿命に影響を与えることが示唆された[1]。そして，
その後の大規模な調査によって，これら 7 つの健康習慣の重要性が立証
された。また，Khaw ら（2008）は，英国南東部の 45〜79 歳の健康な住
民約 2 万人を対象に 1993 年から 1997 年にかけて健康調査を実施した後，
2006 年までの死亡率と生活習慣との関連性について調査を行った結果，
4 つの健康習慣［(1)禁煙，(2)適切な飲酒，(3)十分量の野菜と果物を摂取，
(4) 1 日 30 分程度の軽い運動］がある人は，4 つともない人と比べて同
年齢での病気による死亡率が 4 分の 1 と低く，それは 14 年分の寿命に
相当することを示した（**図 2-1**）[2]。これらの研究報告からは，運動や身
体活動自体が寿命に影響を及ぼすことは予想できるものの，対象者の長
寿の要因が運動や身体活動そのものにあるのか，運動習慣や身体活動量
の多い者の生活習慣に起因するのかを判定することは困難であった。

　Kannel ら（1986）は，身体活動を労働の場面と余暇の場面に大別して，
労働の場面での身体活動よりも余暇時間における身体活動が多いことが，
心疾患による死亡率を低くすることを報告している[3]。また，アメリカ
国立衛生研究所から，65 万人を超える 40 歳以上の成人を対象に，余暇
時間に積極的にスポーツや身体活動を行っている人の平均寿命が 4.5 年

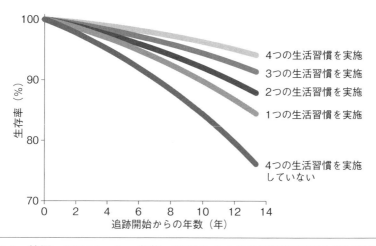

図 2-1　禁煙，アルコール，栄養，運動の 4 つの生活習慣が死亡率に及ぼす影響（Khaw et al.[2] より）

延長していることが報告されている[4]。その研究調査では，標準体重および過体重の 2 つのグループに分けても，余暇時間における軽および中程度の運動や身体活動が平均寿命を延ばす要因であることが示された。さらに，日本国内においても，北海道在住の一般の日本人 1,923 人を対象とした調査結果において，労働時の身体活動量の大小に関わらず，余暇時間の身体活動量の多い者は死亡率が低いと報告されている[5]。

　さらに，Paffenbarger ら（1986，1993）は，米国ハーバード大学を卒業した 16,936 人の卒業生（35〜74 歳）の中で，1962 年から 1978 年までの追跡期間に亡くなった 1,413 人を対象に，死亡率と身体活動量との関係を縦断的に検討している[6,7]。その結果，歩行距離や昇った階段数，さらに運動強度の低いスポーツや高いスポーツの週あたりの実施時間によって，死亡の相対的危険率が変化することを示した（表 2-1）[6]。特に，60〜69 歳と 70 歳以上の群では，週あたりの身体活動による消費エネル

表2-1　身体活動量別の死亡の相対危険率

身体活動	1週間の指標	相対危険率
歩行距離（マイル）	<3	1.00
	3〜8	0.85
	≧9	0.79
昇った階段数（段）	<350	1.00
	350〜1,049	0.85
	≧1,050	0.92
軽スポーツ（時間）	0	1.00
	1〜2	0.76
	≧3	0.70
激しいスポーツ	0	1.00
	1〜2	0.65
	≧3	0.74
身体活動指数（kcal）	<500	1.00
	500〜999	0.78
	1,000〜1,499	0.73
	1,500〜1,999	0.63
	2,000〜2,499	0.62
	2,500〜2,999	0.52
	3,000〜3,499	0.46
	≧3,500	0.62

最も低い身体活動量のものの死亡率を1.0とした場合の相対危険率
（Paffenbarger et al.[6) をもとに作成）

ギー量が500 kcal以下の群に比べて，2,000 kcal以上の群で死亡率が約半分であったと報告している（**図2-2**）[6)。一方，**表2-1**に示されたデータで興味深いのは，昇った階段数や激しいスポーツの運動時間，さらに身体活動量（消費カロリー）が最も多いグループでは，死亡の相対的危険率が増えることが示されている点である。身体運動の質に関しては，すべてのライフステージで歩く程度の運動強度でエネルギーを消費すれ

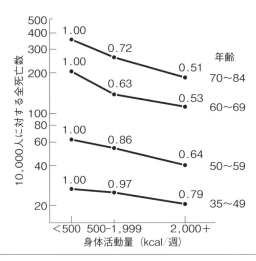

図 2-2　年代別身体活動量と死亡率との関係（Paffenbarger et al.[6] より）

ばよいのか，あるいはある閾値レベル以上の運動を行う必要があるのか
など，議論の余地が多い。

　比較的強度の高い運動に関する研究として，開始年齢が 50 歳以上の
ランニング習慣のある中高年者の 21 年間にわたって追跡調査した生存
率が報告されている（**図 2-3**）[8]。調査開始（平均年齢 58 歳）時には週
あたり約 4 時間のランニングを実施してきた対象者は，追跡終了時点で
は週あたり約 1.3 時間とランニング時間が短縮したものの，ランニング
実施群の死亡率は対照（非ランニング）群の約半分であった。心血管系
疾患，がん，神経系疾患による死亡リスクは，いずれもがランニング実
施群が一般市民の半分から 3 分の 1 であった。この研究結果から，中高
年からの運動（ランニング）習慣は，その後の様々な疾患による死亡リ
スクを減らすことが示唆された。こうした多くの疫学研究によって，現
在では運動や身体活動自体が寿命を延長させる因子であると考えられる。

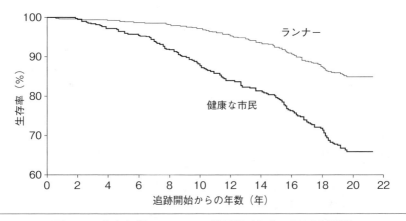

図2-3　中高年期のランニング習慣が寿命に及ぼす影響
(Chakravarty et al.[8] より)

（2）体力と寿命

　体力レベルと死亡率には密接な関係がある。加齢に伴い，全身持久力の指標である有酸素性運動能力や筋力の体力要素は，顕著に低下する。Blair ら（1989）は有酸素性運動能力の高い中高齢者は，8年後に死亡または心血管系疾患や大腸がん等の重大な疾患に罹るリスクが低いことを報告している。具体的には，13,364人をトレッドミルによる運動負荷時の最大走行時間によって3段階に分類し，8年間に死亡した240例について解析した結果，体力レベルが上がるに従って死亡相対危険度は低下したと報告した。また，心血管系疾患による死亡危険度では体力レベルによる差はさらに拡大し，体力レベルの高い群に対して低い群では男性は約8倍，女性では約9倍にも及んでいた。同様に，大腸がんによる死亡危険度は男性が約4倍，女性が約6倍となっていた。一方，事故死においては，体力レベルと死亡危険度との関連は認められなかった（**図2-4**）[9]。

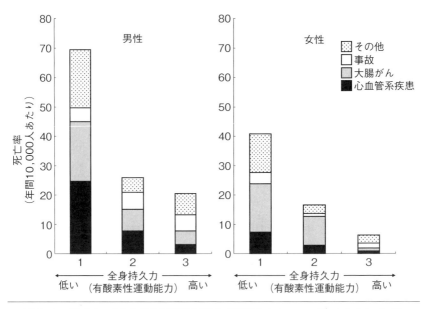

図 2-4 体力レベルと死因別死亡率との関係（Blair et al.[9] をもとに作成）

Newman ら（2006）は，約 2,300 人の男女の高齢者（70 歳〜79 歳）を対象に，下肢（膝伸展筋力）および上肢（握力）の筋力と 5 年後の生存率との関連について調査した。その結果，追跡期間中に約 300 人の死亡が認められ，男女とも測定時の膝伸展筋力および握力が生存率に大きな影響を及ぼすことが示された（**図 2-5**）[10]。このように，筋力も寿命に影響を及ぼす重要な因子であることが示されている。

日本人の体力レベルと死亡率については，大企業の従業員および退職者を対象とした Sawada らの研究がある[11, 12]。Sawada ら（2003a，2003b）は有酸素性運動能力の高い中高齢者は低い人達に比べて，糖尿病の発症率は 0.56 倍，大腸がんでの死亡率は 0.41 倍であることを示し，体力レベルが年齢，体格指数（BMI），血圧，飲酒習慣と独立して，糖尿病の発

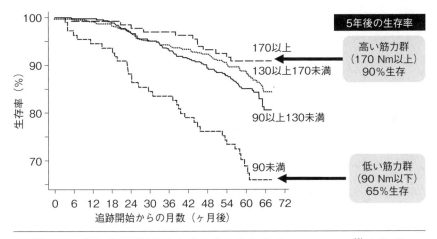

図 2-5　高齢者の下肢筋力とその後の生存率（Newman et al.[10] を改変）
Translated and reproduced by permission of Oxford University Press, J. Gerontol. A, 61, p. 76 (2006).

　症やがんでの死亡率に強い影響を与える因子であることを報告している。
　Sato ら（2009）は戦前の 1943 年に国立大学付属高等学校に在籍していた女子生徒（平均年齢 16.8 歳）の体力テスト結果とその後の死亡年齢に関して，64 年間にわたって追跡調査を実施した。その結果，戦時中の 4 種目（① 1,000 m 走，②縄跳び持続時間，③ 300 g の槍投げ，④ 16 kg のおもりを持った 100 m 走）の体力テストの合計点数が平均値よりも高い群と低い群に分けた場合，体力レベルの高い群と比較して，体力レベルの低い群では 2 つの年齢層（20 歳～50 歳と 70 歳～80 歳）における死亡率が高いことが示された（**図 2-6**）[13]。この調査結果には，現在の生活習慣の影響については考慮されておらず，また死因についても明確ではないため，死亡率や寿命への影響を解釈するには制限がある。しかし，日本人女性の 10 代後半における体力が，その後の寿命に影響を及ぼす

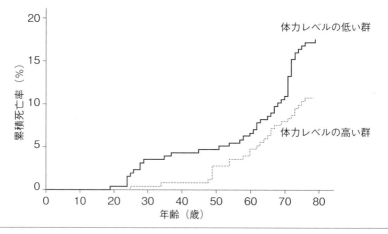

図2-6　10代後半の体力レベルが死亡率に及ぼす影響（Sato et al.[13] より）

という，興味深い知見である。

（3）歩行速度と寿命

　Studenski ら（2011）は 65 歳以上の地域在住高齢者 34,485 人（平均年齢：73.5±5.9 歳）を対象に，6〜21 年間追跡した複数のコホート研究から歩行速度が高齢者の生存と関連していることを報告した[14]。図 2-7 は 75 歳の時点での 10 年後の生存率を示しており，調査時の歩行速度によって男性では 19〜87％，女性では 35〜91％ と大きく異なっていた。この結果より，歩行速度は高齢者の生存率と強く関連することが示唆された。歩行はエネルギー，動作調節，体重支持が必要で，これらは心臓，肺，循環器系，神経系，筋・骨格系システムに多くの要求を負荷する。歩行速度は，姿勢制御，筋力，有酸素能力など，複数の身体システムおよび機能の統合的な出力を表すため，移動機能だけでなく，身体機能全体を評価できる指標である。こうしたことが理由となり，寿命と密接に

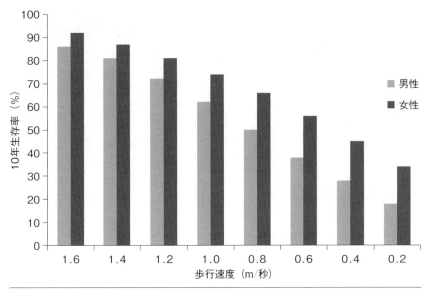

図 2-7　高齢者の歩行速度と 10 年生存率との関連
(Studenski et al.[14] をもとに作成)

関係することが考えられる。

（4）座位（不活動）と寿命

　座位行動（典型的には，テレビ視聴，コンピューターやゲーム機の使用，職場での座りっぱなし，自動車での移動中など）と生存率との関係についても，興味深い研究が報告されている。多くの先行研究から，ガイドラインで示された身体活動量を満たしていても長時間座っていると代謝関連の健康を損ねることや，座位時間を分割することがそうした疾病の予防・改善に有益であることが示唆されている。そして，座位時間，テレビ視聴時間，自動車での座位時間の増加は早期死亡リスクを高める重大な危険因子である可能性が示された[15]。

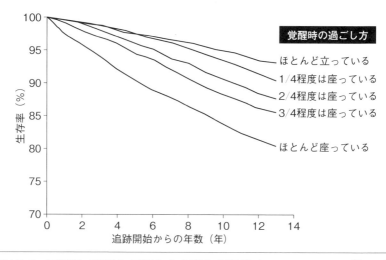

図 2-8　不活動（座位）時間と生存率との関係（Katzmarzyk et al.[16] より）

　Katzmarzyk ら（2009）は 18〜90 歳の男女約 17,000 人を対象に，起きている間の過ごし方を 5 つの段階に分け，座っている時間が長い人の死亡率がより高いことを報告している[16]。この研究では，日常での座位時間，休憩時間，身体活動，喫煙歴，アルコール摂取量を調査開始前に評価しており，平均 12 年間の追跡期間中に 2,000 人近くが死亡した。そして，交絡因子を補正しても，座位時間の増加に伴い，全死亡と心臓循環器疾患に起因する死亡のリスクが漸増的に増加し，量依存的な関係が存在することが示唆された（図 2-8）。

2.　運動が寿命に及ぼす影響
─動物実験の結果からの推察─

　身体活動・運動や体力レベルと寿命について述べてきた。しかし，これまでの先行研究の対象者は有名大学の卒業生や大企業の従業員であっ

たことを勘案すると，社会的，経済的に恵まれていることが長寿に結びついた可能性は否定できない。また，すでに述べているように，疫学研究から得られた情報によって，運動・身体活動や体力が寿命に影響を及ぼす因子であることは間違いないものの，対象者の長寿の要因が身体活動・運動や体力レベルにあるのか，あるいは運動習慣のある者の食事，喫煙，アルコールなどの生活（健康）習慣に起因するのかを断定することは，依然として困難である。

　いくつかの要因を排除するために，身体活動・運動が寿命に及ぼす影響について実験動物を用いた研究がある。ラットを用いた実験でも，ヒトの場合と同様に，定期的な運動は平均寿命を延長させることが報告されている。実験動物を用いて身体活動・運動と寿命の関連について検討する場合の問題点として，運動したラット（特に雄性ラット）では，摂餌量と体重が減少する傾向が指摘されている。したがって，運動が寿命に及ぼす影響がカロリー制御の影響と混同されないよう，実験条件は厳密に管理される必要がある。

　Holloszy ら（1985）は，回転ケージを用いた自発走行によって運動したラット（運動群）と運動しなかったラット（非運動群）における生存曲線を示した（**図 2-9**）[17]。この研究の特筆すべき点として，非運動群として，運動した雄性ラットの摂餌量および体重の減少の影響をそれぞれ考慮するため，対象群が 3 群設けられていることである。そして，通常飼育（非運動・自由摂取群）ラットの 67% 相当の摂餌量（摂取カロリー）に制限された非運動・体重調整群は，平均寿命および最大寿命が運動群および他の非運動群よりも高かったことを報告している。これは，摂取カロリーの制限がラットの寿命を延長させることができる確実な方法であることを示している。さらに，運動群と他の非運動群との生存率を比較した場合，各年齢（月齢）において運動群が非運動・自由摂取群

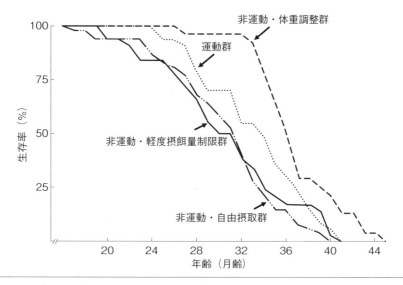

図 2-9　毎日運動をしたラット（運動群）と運動しなかったラット（非運動群）における生存曲線（Holloszy et al.[17] より）

非運動・自由摂取群は摂餌を自由に許され，非運動・軽度摂餌量制限群は，運動群と同程度の摂餌が許され（非運動・自由摂取群の 92％相当の摂餌量），非運動・体重調整群は，運動群と体重を同程度にするために摂餌量が制限された（非運動・自由摂取群の 67％相当の摂餌量）。

や非運動・軽度摂餌量制限群よりも高くなっており，平均寿命に身体活動・運動の影響が認められた。興味深いことに，運動群は非運動・自由摂取群や非運動・軽度摂餌量制限群との比較では最大寿命に違いがなく，最大寿命には身体活動・運動の影響が認められなかった[17, 18, 19]。これは，元オリンピック選手などの寿命を報告した Sarna ら（1993）の報告と同様であり，ヒトおよび動物実験から，身体活動・運動には最大寿命の延伸効果はないことが示唆された[20]。

Holloszy（1997）はカロリー制限（約 30％）と運動の両方を行った

ラットでは，食餌制限のみの場合と同様の最大寿命の増加が見られたことを報告している[19]。このことは，運動自体では最大寿命を延長することはできないが，カロリー制限の影響を阻害することはないことを示唆する。一方，Goodrick（1980）は，雄性および雌性それぞれのラットに自発走行の運動を行わせた場合，平均寿命だけでなく，最大寿命も延長することを報告している[21]。運動が最大寿命に及ぼす影響について，Holloszy の研究結果と異なっている理由は不明であるが，運動を開始する年齢によって，平均寿命および最大寿命への影響が異なることが示唆されている[22]。

　運動が寿命に及ぼす影響については，運動のタイプによっても異なることが報告されている。Narath ら（2001）は，雄性ラットに自発走行（回転ケージ）と強制走行（トレッドミル）をそれぞれ負荷した場合，自

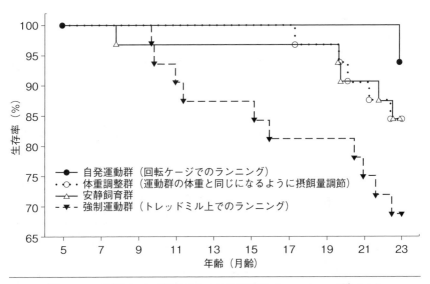

図 2-10　運動タイプが寿命に及ぼす影響（Narath et al.[23] より）

発運動群では平均寿命の延長が認められるのに対して，強制運動群では逆に寿命短縮が観察されたことを報告している（図2-10）[23]。このことから，身体的活動が強制された場合，身体活動による延命効果は打ち消される可能性がある。また，Mlekuschら（1996）は，小ケージで飼育された非活動群のマウスでは，自発的な食餌摂取が顕著に減少したにもかかわらず，11%の寿命短縮が観察されたことを報告している[24]。このことから，身体的活動が制限された場合，カロリー制限による延命効果は打ち消されるようである。

3. 身体活動が寿命を調整するメカニズム

　これまで，身体活動・運動と寿命の関連に着目し，疫学研究および実験動物を用いた基礎研究の知見に基づき，延命効果について述べてきた。しかし，身体活動・運動自体が直接的に寿命延伸に及ぼすメカニズムについては，十分には検証されていない。現在のところ，老化を遅らせ，寿命を延長させることができる確実な方法は，カロリー摂取を制限することであり，そのメカニズムも分子レベルで解明されてきている[25]。特に，線虫における知見を契機にして，インスリン・IGF-1シグナルの低下がカロリー制限と同様に老化を遅らせ，寿命を延長することが種を超えて報告されている[26]。カロリー制限を行うと，空腹時血糖値および血中インスリン濃度の低下が認められる。実は，定期的な運動（トレーニング）を行うことによって，カロリー制限同様に，空腹時血糖値および血中インスリン濃度が低下することはよく知られている[27]。また，運動習慣によって，炭水化物摂取後の血糖値および血中インスリン濃度の上昇が抑制されること，トレーニングを止めること（脱トレーニング）によって，その抑制効果が認められなくなることが知られている（図2-11）[27]。これまで，身体活動・運動と寿命の関連については，主に生活習慣病の

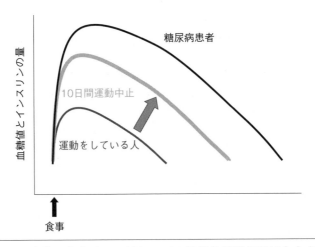

図 2-11　食後の血中インスリンレベルは身体活動状況に左右される
（Heath et al.[27] をもとに作成）

予防・改善等の視点からその延命効果について考えられてきたが，「運動とインスリンシグナル低下」という新しい観点からのアプローチによって運動による老化制御について研究されることが期待される。

参考文献

1) Breslow, L., Enstrom, J.E. : Persistence of health habits and their relationship to mortality. Prev Med 9 : 469-483, 1980.
2) Khaw, K.T., et al. : Combined impact of health behaviours and mortality in men and women : the EPIC-Norfolk prospective population study. PLoS Med 5 : e12, 2008.
3) Kannel WB, et al. : Physical activity and physical demand on the job and risk of cardiovascular disease and death : the Framingham Study. Am Heart J 112 : 820-825, 1986.

4) Moore, S.C., et al. : Leisure time physical activity of moderate to vigorous intensity and mortality : a large pooled cohort analysis. PLoS Med 9 : e1001335, 2012.

5) Saito, Y., Sasaki, R. : An epidemiological study on the relation of physical activity with mortality rates. Journal of Aichi Medical University Association 24 : 361-372, 1996.

6) Paffenbarger, R.S.Jr., et al. : Physical activity, all-cause mortality, and longevity of college alumni. N Engl J Med 314 : 605-613, 1986.

7) Paffenbarger, R.S.Jr., et al. : The association of changes in physical-activity level and other lifestyle characteristics with mortality among men. N Engl J Med 328 : 538-545, 1993.

8) Chakravarty, E.F., et al. : Reduced disability and mortality among aging runners : a 21-year longitudinal study. Arch Intern Med 168 : 1638-1646, 2008.

9) Blair, S.N., et al. : Physical fitness and all-cause mortality. A prospective study of healthy men and women. JAMA, 262 : 2395-2401 1989.

10) Newman, A.B., et al. : Strength, but not muscle mass, is associated with mortality in the health, aging and body composition study cohort. J Gerontol A Biol Sci Med Sci 61 : 72-77, 2006.

11) Sawada, S., et al. : Cardiorespiratory fitness and the incidence of type 2 diabetes : prospective study of Japanese men. Diabetes Care 26 : 2918-2922, 2003a.

12) Sawada, S., et al. : Cardiorespiratory fitness and cancer mortality in Japanese men : a prospective study. Med Sci Sports Exerc 35 : 1546-1550, 2003b.

13) Sato, M., et al. : Physical fitness during adolescence and adult mortality. Epidemiology 20 : 463-464, 2009.

14) Studenski, S., et al. : Gait speed and survival in older adults. JAMA 305 : 50-58, 2011.

15) Owen, N., et al. : Too much sitting : the population health science of sedentary behavior. Exerc Sports Sci Rev 38 : 105-113, 2010.

16) Katzmarzyk, P.T., et al. : Sitting time and mortality from all causes, cardiovascular disease, and cancer. Med Sci Sports Exerc 41 : 998-1005, 2009.

17) Holloszy, J.O., et al. : Effect of voluntary exercise on longevity of rats. J Appl Physiol 59 : 826-831, 1985.

18) Holloszy, J.O. : Exercise and longevity : studies on rats. J Gerontol 43 : B149-151, 1988.

19) Holloszy, J.O. : Mortality rate and longevity of food-restricted exercising male rats : a reevaluation. J Appl Physiol 82 : 399-403, 1997.

20) Sarna, S., et al. : Increased life expectancy of world class male athletes. Med Sci Sports Exerc 25 : 237-244, 1993.

21) Goodrick, C.L. : Effects of long-term voluntary wheel exercise on male and female Wistar rats. I. Longevity, body weight, and metabolic rate. Gerontology 26 : 22-33, 1980.

22) Edington, D.W., et al. : Exercise and longevity : evidence for a threshold age. J Gerontol 27 : 341-343, 1972.

23) Narath, E., et al. : Voluntary and forced exercise influence the survival and body composition of ageing male rats differently. Exp Gerontol 36 : 1699-1711, 2001.

24) Mlekusch, W., et al. : The effect of reduced physical activity on longevity of mice. Mech Ageing Dev 88 : 159-168, 1996.

25) Arking, R. : 老化のバイオロジー，（鍋島陽一，北徹，石川冬木監訳），メディカル・サイエンス・インターナショナル，2000.

26) Hsin, H., Kenyon, C. : Signals from the reproductive system regulate the lifespan of C. elegans. Nature 399 : 362-366, 1999.

27) Heath, G.W., et al. : Effects of exercise and lack of exercise on glucose tolerance and insulin sensitivity. J Appl Physiol 55 : 512-517, 1983.

学習課題

・身体活動量が寿命に与える影響について説明してみよう。

・体力レベルと寿命の関連性について説明してみよう。

・歩行速度と死亡率に高い相関が認められているが，その理由を説明してみよう。

・身体活動による寿命延伸のメカニズムについて説明してみよう。

3 | 運動が全身に与える影響
—水中運動の効果—

大西　朋

《**目標＆ポイント**》　水中という環境は，陸上とは異なる影響を身体に与える。水の物理的な特性は，酸素摂取量や体温調節，自律神経にもかかわりを持つことが知られている。水中で運動することによるロコモティブシンドロームや介護予防への効果についても解説する。
《**キーワード**》　水中運動，中高齢者，介護予防

1．水中の特性

（1）浮　力

　人の身体には常に重力がかかっており，運動時も日常生活においても体重を支えている抗重力筋は緊張し続けている。水の中は陸上と違い，「浮く」という浮力の影響で重力から解放され，身体を支える力が少なくてすむ。浮力は重力と逆向きに働くため，水中では身体が浮き，軽くなる。浮力は，水深によって変化し，水位が身体のどの部位にあるかにより体重の軽減率が異なり，剣状突起レベルでの過重負荷は，体重の約30％といわれている（**図 3-1**）。

　この浮力の効果と粘性抵抗によって，着地の衝撃が緩和し荷重ストレスが低下することから，水中でのランニングやジャンプの負荷を軽減させることが可能となる。つまり，運動時に加速がつきにくく，重力による慣性が働きにくくなるため，過度なストレスが生じにくくなる。この

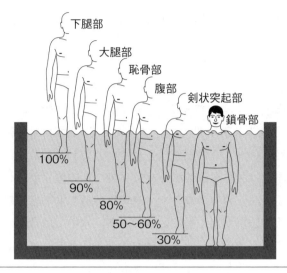

図 3-1　各水深における荷重負荷の割合
（山本利春：アクアコンディショニングの有効性〜特集にあたって〜．トレーニング科学　Vol. 19, No. 3, 2007. をもとに作成）

ように下肢にかかる負担が減少するため，腰や膝や足首などをけがする心配が少なくなる。

（2）水　圧

　水圧は，身体に対して垂直に押しつぶす力として働く。水深が深くなればなるほど水圧は増していき，水深が 10 m 深くなるごとに約 1 気圧ずつ圧力が増加する。つまり，上肢よりも下肢にかかる水圧の方が高くなる。身体に水圧がかかると，皮膚や筋肉そして血管なども同時に圧迫されることになり，皮膚表面に近い静脈が圧迫されることで，血液循環の促進が期待できる。剣状突起レベルまで水中に浸かった場合，水圧の影響で下肢からの静脈還流量が増加することで，中心血液量が増加し，一

回拍出量および心拍出量が増加するため，心拍数は陸上に比べて少なくてすむ。

（3）水　温

　人の体温は腋下で36.5℃前後とされているが，一般的にプールの水温は28〜32℃と体温よりも低く設定されている（競泳の国際大会は25〜28℃）。水は空気の約23倍熱を伝えやすいといわれており，体温より温度が低い水中では，体温調節のために体内で熱の産生が行われる。皮膚への寒冷刺激と熱伝導率の高さで，身体は体温の低下を防ごうと，体内で熱を生み出す防御作用が働くためである。水中では目的によって水温を調節することがのぞましく，水泳および水中運動時は深部体温である直腸温が大きく変化しないように，水温を設定する必要がある。

（4）抵　抗

　水中で動こうとすると，陸上のようにスムースには動けない。これは水の抵抗によるためである。水の密度は空気の約800倍であり，水中を移動するときに大きく「抵抗」が働く。水泳時，身体に作用する抵抗には，圧力抵抗，造波抵抗および摩擦抵抗がある。抵抗は速度の二乗に比例し指数関数的に増加するため，これらを上回る推進力をストロークによって発揮する必要がある。

　水中は陸上でからだを動かすよりも負荷抵抗がかかり，動きは低速になり，例えば水中で脚をスイングしようとすると速度がなかなか上がらない。これは水の粘性抵抗のためである。この水の粘性により，器具を使用しなくても様々な動作や速度で負荷を作ることができ，負荷の調節も可能となる。手足を大きく速く動かせば，抵抗が大きくなり負荷が増加し，ゆっくり動かせば，抵抗は小さくなり負荷も減少する。つまり，

自分自身で負荷調節がその場で行えるのである。

　また，水中における運動の大半が短縮性収縮であり，陸上での運動と異なり重力加速度を伴った反動や衝撃を極めて受けにくいため，筋肉に過剰な負荷がかかりにくく，比較的安全にトレーニングをすることができる。

2. 水中運動の生理学的応答

（1）エネルギー消費量

　先ほども紹介したとおり，水は空気よりも熱を伝えやすく，水中は水着のみでの運動になるため，陸上よりも熱が奪われやすい。つまり水温の違いがエネルギー消費量に大きく影響する。水温が代謝的変化をもたらさない中立温度は安静時で約34℃，運動時で28℃前後であるといわれているが，Craig ら[1] は，24～38℃の水温における安静時酸素摂取量を調べ，水温が28℃以下では，浸漬10分後に大きく増加したことを報告している。水温の低下に伴い酸素摂取量の増加つまり，エネルギー代謝が高まることがわかる。

　また，水中運動は，抵抗によって負荷が大きくなることが知られている。小野ら[2] は，成人男性を対象に水中トレッドミル歩行とプールでの歩行（各1，2，3 km/時）におけるエネルギー代謝量を比較し，速度が速くなるほどプール歩行のエネルギー代謝量の増加が多かったことを示している（図3-2）。Shono ら[3] は，中高齢女性を対象に水中（20，30，40 m/分）および陸上（40，60，80 m/分）でのトレッドル歩行を実施し，低速度（水中20 m/分，陸上40 m/分）では，陸上歩行が有意に高い酸素摂取量を示し，中および高速度では有意な差がなかったことを報告した。Masumoto ら[4] も，中速と高速の水中歩行および陸上歩行において，同速度での酸素摂取量に有意差はなかったとし，これは心拍数，

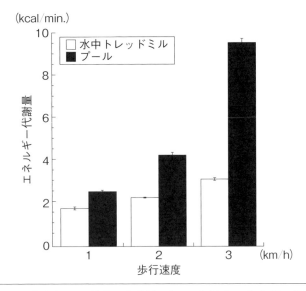

図 3-2　水中トレッドミル歩行とプール歩行のエネルギー代謝量
（小野ら[2] より）

主観的運動強度および血中乳酸濃度でも同じ傾向であったとしている。しかし，実際の現場での水中歩行において，速度を運動強度の指標として用いることは，水中トレッドミルがないと難しい。そこで Fujishima ら[5] は，同一の主観的運動強度（RPE）13「ややきつい」で水中および陸上歩行を行った場合，酸素摂取量および心拍数に差は見られなかったと報告をしており（**図 3-3**），水中運動でも RPE の使用が有効であると考えられる。

（2）体温調節
　水温が低くなるにつれ，熱の損失に対して産生が追いつかず，身体は急速に熱を奪われる。低水温では，泳ぎ続けても時間とともに体温が低

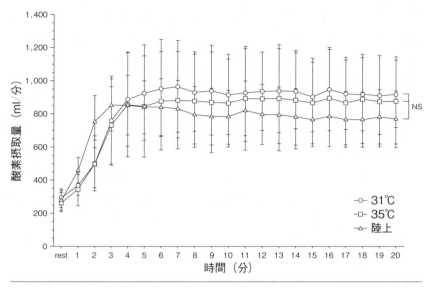

**図 3-3　同一 RPE（13：ややきつい）における水中歩行および陸上歩行時の
酸素摂取量**（Fujishima ら[5] より）

下し，その低下は水温が低いほど大きくなり，運動時間も短くなる。国
内の室内プールの水温は，体温調節機能の働きが高まる 30℃ 前後に設定
されている。Galbo ら[6] は，21，27，33℃ の異なる水温における 60 分
間の水泳中の直腸温の変化について調べ，27 および 33℃ では運動に伴
い体温が上昇したが，21℃ では運動継続とともに低下を続けたと報告し
ている。水泳よりも運動強度が低いとされる水中運動は，熱の産生が少
ないため，水温の低下による体温調節に関して注意が必要である。小野
寺ら[7] は，水温が 22℃ と 30℃ における水中トレッドミル歩行時の直腸
温について，水温が 22℃ では下降し 30℃ では上昇することを示した。
また，小野ら[2] は，約 30℃ のプール歩行時の速度と体温変化について，
直腸温が時速 2 km では低下し，時速 3 km では上昇すると報告した。

52

プールの温度が30℃前後に設定されていても，運動強度によっては深部体温の低下の可能性があるということである。高齢者は体温調節能力が低下しているため，実施においては着衣など（水着やラッシュガードなど）安全に行える方法を考慮すべきである。

（3）自律神経

　水中の特性である浮力や水圧は，交感神経活動を抑制し副交感神経活動を高めるといわれている。Bocalini ら[8]は，未治療の高血圧患者において，水中運動は陸上運動と比較し，運動後の血圧の低下や心拍変動の観点から，血圧コントロールおよび自律神経調節に推奨されると報告している。また，自律神経調節に関しては，ビート板やプルブイなどを用いて水に浮くリラクセーションにおいて効果があったとの報告が見られ

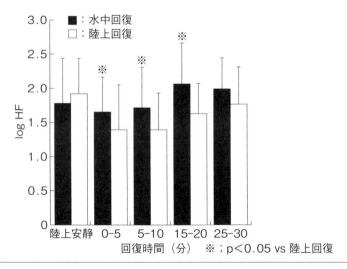

図 3-4　自転車エルゴメータ運動後の回復期における陸上および水中回復における心臓副交感神経活動の変化（西村ら[9]より）

る。西村ら[9] は中高齢者を対象に，最大酸素摂取量（$\dot{V}O_2max$）の 50%
での自転車エルゴメータ運動後の回復を，水中および陸上での仰臥位で
実施し，心臓副交感神経活動の変化を調べた。水中での回復が陸上に比
べて心臓副交感神経活動が亢進したことを示しており，クーリングダウ
ンとしてのフローティングの有効性を明らかにしている（**図 3-4**）。リハ
ビリテーションやリラクセーションなどを行う施設では，水温は副交感
神経の働きが優位になる 36℃ 前後に設定されているところが多い。

3. 水中運動の効果

（1）ロコモティブシンドローム

　水泳や水中運動による有酸素能力の改善は，多くの研究により明らか
になっているが，中でも中高齢者を対象にした研究が多く見られるよう
になってきた（Bergamin ら[10]，Haynes ら[11]）。また，赤嶺ら[12] は週 2
回 6 か月間の水中運動で，最大酸素摂取量および肺活量の有意な増加が
あることを明らかにしたが，この報告は，整形外科的疾患を持つ中高齢
者が対象であり，整形外科的疾患患者における水中運動の効果について
の研究も多くなされるようになってきた。

　運動器（骨・筋肉・関節・靭帯・腱・神経など）の障害のために，立
つ歩くなどの移動機能の低下をきたした状態を，ロコモティブシンド
ロームという。ロコモティブシンドロームの要因は，運動器の病気，運
動器の能力の衰えおよび運動器の痛みなど様々であり，進行すると日常
生活活動動作（ADL：Activities of Daily Living）が制限されてしまう。
痛みや ADL の制限は，生活の質（QOL：Quality Of Life）にも影響を及
ぼすため，早期介入が重要であり，浮力という特性を持つ水中運動は，
ロコモティブシンドロームの予防改善に有効であると考えられている。

　Wang ら[13] は，変形性股関節症および膝関節症患者を対象とした 12

週間の水中運動は，痛みに対する効果はなかったが，有酸素性能力に加え，膝と股関節の柔軟性および筋力の有意な改善を認めたとしている。また，Foley ら[14] は，中高齢の変形性関節症患者における週3回，6週間の水中運動の効果について，疼痛スコアの減少と，健康関連 QOL の中の身体的スコアの改善を報告している。Suomi ら[15] も，関節炎高齢患者における水中運動プログラムを8週間実施し，機能的体力，ADLおよび等尺性筋力における有意な改善を明らかにした。

　ロコモティブシンドロームに関する水中運動の有効性は，生理学的応答だけにとどまらず，浮力により患部への負荷を減らして運動ができることである。このことは運動中に生じる疼痛を減少し，そこから ADL の向上につながると考えられる。

（2）介護予防

　ロコモティブシンドロームが進行すると，将来介護が必要になるリスクが高くなるといわれている。要支援および要介護になる原因は，脳血管疾患，認知症，加齢による衰弱，転倒および骨折，関節疾患などがあげられる。

　Lewington ら[16] は，50～80 代のすべての年代において，脳卒中をはじめとする動脈硬化性疾患の最大の危険因子は高血圧であることを報告しており，降圧が脳血管疾患の改善に大きく関与していると考えられる。

　水泳および水中運動と血圧の関係性について，青葉ら[17]，Farahani ら[18]および河野ら[19] は，運動実施により収縮期血圧の低下をもたらすことを報告している。青葉らは，中高齢者を対象に，週2回，70分間，8週間の水中運動で，収縮期血圧がプログラム参加前より有意に低値を示したとしている。河野らは，高齢高血圧患者に週1回5週間の水中歩行を行った結果，収縮期血圧と同様に平均血圧も初回と比較し有意に低下を

したと報告している。平均血圧は，末梢血管の動脈硬化の指標として用いられており，脳卒中や心筋梗塞の発症リスクとの関連性もあり，高血圧患者が行う水中歩行は，それらのリスクを低減する効果があることを示唆している。また，菅原[20]は，中高齢者の水中運動教室の前後で，大動脈血圧および動脈スティフネス（動脈壁の硬さ）を測定し，上腕および大動脈収縮期血圧と動脈スティフネスに有意な低下が見られたと報告している。この改善は，週１回３か月間の低頻度および低強度の水中運動実施において得られたものであり，運動処方作成における運動継続へのヒントがもらえる報告である。

　要介護原因であげた転倒骨折や関節疾患などの運動器障害であるが，合計すると原因のトップにあがることを厚労省が報告をしている[21]。転倒骨折は，ADL を制限するだけでなく QOL の低下にもつながる。高齢者がいちど転倒をしてしまうと，また転倒をするのではないかという不安から引きこもるようになり，活動量の低下から廃用性症候群におちいり，また転倒するという負のスパイラルを引き起こす。

　転倒の要因は，バランス能力，筋力，柔軟性および位置感覚等様々な要素の低下があげられる。中高齢者の週３回８週間の水中運動プログラム（大股，後ろ，横，ジャンプ等，様々な動作を用いたウォーキング等）において，原ら[22]は，転倒リスクやバランス能力を評価する Functional Reach の増加を，桂ら[23]は足関節底屈筋力および動的バランス能力を評価する Time up & Go の改善を報告している。水中環境では，バランスが崩れても，水の抵抗により移動速度が低下をするため，姿勢の矯正を行いやすく，水の中で様々な動きや姿勢をとることで，バランス能力の改善につなげることができる。

　村岡ら[24]は変形性膝関節症による膝および腰痛を持つ高齢女性に対して，週１回 12 週間の水中運動を実施し，移動能力および下肢筋力の

向上に加え，主観的健康度および機能状態の改善と痛みの軽減にも有効であることを明らかにした。さらに，実施から1年後に調査を行い，身体機能および健康関連 QOL がプログラム開始時よりも高値を示したとしている。このことからも，水中運動は運動器疾患患者に対する介護予防のための対策として安全で有効な運動であり，活動量の増加や運動の継続に有効に働き，ADL および QOL の改善そして健康寿命の延伸につながると考えられる。

参考文献

1) Craig Jr, AB, Dvorak M：Thermal regulation during water immersion. J App Physiol. 21（5）：1577-1585, 1966.
2) 小野くみ子ら：水中トレッドミル歩行およびプール歩行における心拍数，直腸温，酸素摂取量の変化．川崎医療福祉学会誌 14（2）：323-330，2005.
3) Shono T, et al.：Cardiorespiratory response to low-intensity walking in water and on land in elderly woman. J Physiol Anthropol 20（5）：269-274, 2001.
4) Masumoto K, et al.：Muscle activation, cardiorespiratory response, and rating of perceived exertion in older subject while walking in water and on dry land. J Electromyogr Kinesiol 18（4）：581-590, 2008.
5) Fujishima K, Shimizu T：Body temperature, oxygen uptake and heart rate during walking in water and on land at an exercise intensity based on PRE in elderly men. J Physiok Anthropol 22（2）：83-88, 2003.
6) Galbo H, et al.：The effect of water temperature on the hormonal response to prolonged swimming. Acta Phyiol scand 105（3）：326-337, 1979.
7) 小野寺昇ら：水の粘性抵抗と水温が水中トレッドミル歩行中の酸素摂取量及び直腸温に及ぼす影響．川崎医療福祉学会誌 3（1）：167-174，1993.
8) Bocalini DS, et al.：Post-exercise hypotension and heart rate variability response after water- and land-ergometry exercise in hypertensive pattents. PLoS One 12（6）：e0180216, 2017.

9) 西村一樹ら：中高齢者の自転車エルゴメーター運動後の仰臥位浸水と心拍数および心臓副交感神経系調節の関連性．川崎医療福祉学会誌 19（2）：291-295, 2010.

10) Bergamin M, et al.：Water − versus land − based exercise in elderly subjects：effects on physical performance and body composition. Clin Interv Aging 8：1109-1117, 2013.

11) Haynes A, et al.：Land-walking vs. water-walking interventions in older adults：Effects on aerobic fitness. Journal of Sport and Health Science 9：274-282, 2020.

12) 赤嶺卓哉ら：中高年の腰痛・肩関節症例の身体機能に対する水中運動の効果．整形外科と災害外科 67（1）：1-4, 2018.

13) Wang TJ, et al.：Effects of aquatic exercise on flexibility, strength and aerobic fitness in adults with osteoarthritis of the hip or knee. J Adv Nurs 57：141-152, 2007.

14) Foley A, et al.：Does hydrotherapy improve strength and physical function in patients with osteoarthritis—a randomised controlled trial comparing a gym based and a hydrotherapy based strengthening programme. Ann Rheum Dis 62（12）：1162-1167, 2003.

15) Suomi R, Coller D：Effects of arthritis exercise programs on functional fitness and perceived activities of daily living measures in older adults with arthritis. Arch Phys Med Rehabil 84（11）：1589-1594, 2003.

16) Lewington S, et al.：Prospective studies collaboration. Age-specific relevance of usual blood pressure to vascular mortality? Lancet 360（9349）：1903-1913, 2002.

17) 青葉貴明, 松本高明：水中運動の継続時間が血圧に与える影響．国士舘大学体育・スポーツ科学研究 4：9-15, 2004.

18) Farahani AV, et al.：The effects of a 10-week water aerobic exercise on the resting blood pressure in patients with essential hypertension. Asian J Sports Med 1（3）：159-167, 2010.

19) 河野洋志ら：水中ウォーキングが高齢者の血圧に及ぼす効果．日本温泉気候物理医学雑誌：1-5, 2021.

58

20) 菅原順：近位大動脈拍動緩衝機能に対する水中運動の効果．デサントスポーツ
科学 39：158-164，2018.
21) 厚生労働省：国民生活基礎調査．24，2019.
22) 原丈貴ら：中高齢女性のバランス機能に対する水中運動の効果．体力科学 56：
357-364，2007.
23) 桂良寛ら：高齢者の水中トレーニングは足関節底屈筋力と動的バランス機能を
改善させる．日本運動生理学雑誌 16（2）：41-48，2009.
24) 村岡功ら：膝痛・腰痛高齢者に対する要介護予防のための水中運動プログラム
の開発と評価．科学研究費助成事業．2012.

学習課題

・水中と陸上で心拍数を測定し，どのくらい差があるのか，またないの
かを確認してみよう．
・水を活用したエクササイズや，身体機能の改善および疲労回復のアプ
ローチにはどのような方法があり，どのような場面で活用できるかを
まとめてみよう．
・生活習慣病を有する中高齢者における水中運動の効果について調べて
みよう．

4 | 運動と体力

町田修一

《**目標＆ポイント**》 超高齢社会を迎えた本邦において，ゆとりと豊かさに満ちた社会を実現するためには，ひとりひとりが高齢になっても自由で自立した生活を営めることが鍵となる。そのためには，高齢者においても身体活動量を増やすことや筋力トレーニングに積極的に取り組むことが強く推奨される。ここでは，運動と体力に関する知見を解説する。

《**キーワード**》 行動体力，防衛体力

1. 体力とは

体力については，これまで多くの定義がなされており，その要素の幅はかなり広い。本講義では，「人間の活動の基礎となる身体的能力」[1] や「身体活動を遂行する能力に関連する多面的な要素（潜在力）の集合体」[2] として体力を定義づける。体力には，行動体力と防衛体力がある（図4-1）。行動体力は，広義としては「自ら外部へ働きかける（発動する）力」「行動する力」「体を動かす力」のことであり，客観的・定量的に把握できる狭義としては，全身持久力，筋力，バランス能力，柔軟性，敏捷性等の要素のことである。こうした狭義の各要素は，性別および年齢別にその特徴が明確化されている。また，行動体力は行動・運動を規定する要素として重要であり，機能を整理して「運動を発現する能力（筋骨格系）」「運動を持続する能力（呼吸循環系）」「運動を調整する能力（脳・神経系）」というように分類することもある。一方，防衛体力は，

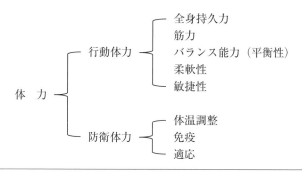

図 4-1 体力の構成

体の機能を正常に維持するため，体温調整，病気やストレス，細菌の感染等に抵抗する免疫機能，寒暑等の外部の環境に適応する力であり，健康を支える上で重要な役割を果たしている。しかし，防衛体力を定量化する方法は一般的には確立されておらず，客観的に測定したり評価したりするのが難しい。そのため，一般的には，体力といえば行動体力のことを指す。その他，体力を健康関連体力と競技力関連体力とに分けることも可能であり，健康関連体力には全身持久力，筋力，柔軟性，身体組成（骨格筋量や体脂肪量）があげられる。本講義では，主に行動体力として体力を捉えるとともに，特に健康関連体力の中の全身持久力および筋力に対する加齢や運動の影響について概説する。

2. 加齢に伴う体力の変化

　呼吸循環系および筋骨格系といった体力要素の機能は，10 歳代後半から 20 歳代でピークを迎え，30 歳代頃から低下し始める。加齢に伴う低下率は体力要素によって異なる（**図 4-2**）。全身持久力（最大酸素摂取量）は，10 年間に約 10％ずつ直線的に低下する。一方，筋力の代表値である握力は低下率が最も少なく，70 歳でも 20 歳時の 70％以上の筋力を

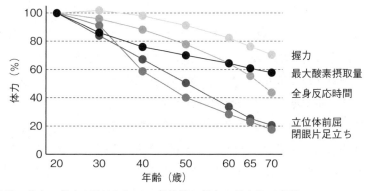

20 歳時の体力の値を 100％として，各年齢の体力の値を％で表示。

図 4-2　加齢に伴う行動体力の変化
（東京都立大学体力標準値研究会[3]より作図）

保っている。各体力要素の低下率は加齢に伴い個人差も大きくなり，性差も認められる。ちなみに，最も顕著な低下が認められるのは，バランス能力（平衡性，閉眼片足立ち）である。

3．加齢に伴う全身持久力の変化

（1）最大酸素摂取量

　身体活動を持続するためには，酸素を体内に取り込み，主動筋に運搬し，それを消費して筋収縮に必要なエネルギー（ATP）を生成・供給し続けなければならない。酸素の運搬は肺，心臓，血管の各機能によって行われ，その消費は筋活動の程度によって決まる。それら酸素の運搬系と消費系の機能が総和されたものが酸素を摂取する能力であり，その最高水準を示す指標が最大酸素摂取量（$\dot{V}O_2max$）である。ちなみに，安静時の酸素摂取量は椅子に座っている状態で約 3.5 mL/kg/min であり，この値を 1 とし，活動や運動の強度を安静時の何倍のエネルギーを消費す

るかで示す指標を METs（メッツ）という。歩く・掃除機をかける・洗車する・子どもと遊ぶなどは3メッツ程度，やや速歩・ゴルフ・通勤で自転車に乗る・階段をゆっくり上るなどは4メッツ程度，ゆっくりとしたジョギングなどは6メッツ，エアロビクスなどは7メッツ，ランニング・クロールで泳ぐ・重い荷物を運搬するなどは8メッツ程度といったように，様々な活動の強度が明らかになっている。

　全身持久力の指標として $\dot{V}O_2max$ は，「運動を持続する能力」として呼吸循環系機能を評価する際等に幅広く用いられている。体力指標として $\dot{V}O_2max$ が低い場合，心血管疾患やメタボリックシンドロームの発症率や総死亡率の高さと関連することが，数多くの先行研究によって報告されている（**図4-3**）[4]。$\dot{V}O_2max$ は，個人差や性差はあるが，加齢とと

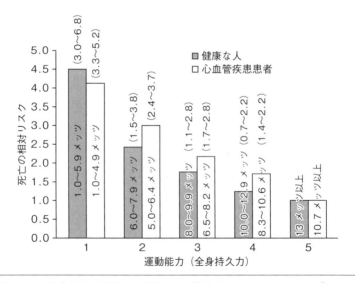

図4-3　全身持久力別にみた死亡の相対リスク（Myers et al.[4] より）
死亡の相対リスクは，全身持久力（最大酸素摂取量）が高くなるに従って減少する。全身持久力によって5つのカテゴリーに分類（1：最下位20%；5：最上位20%）

もにほぼ直線的に低下する（**図
4-4**）[3]。その低下率は，特別な
運動トレーニングを行っていな
い一般の人では，年間平均 0.9
〜1.0％であり，その主たる要
因として呼吸循環系と筋骨格系
の低下が指摘されている[5]。

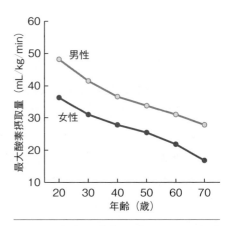

**図 4-4　加齢に伴う日本人における最
大酸素摂取量の変化と性差**
（東京都立大学体力標準値研究
会[3] より作図）

　呼吸機能の主要な指標である
最大換気量は，加齢に伴ってほ
ぼ直線的に減少する。日本人男
性 20 歳 で は 130〜140 L/min
であったものが 70 歳では約
80 L/min に，女性では 20 歳で

80〜90 L/min であったものが 70 歳では約 50 L/min に，いずれも 20 歳
と比較すると約 60％まで低下する。この最大換気量の減少の原因とし
ては，形態的要因と機能的要因が考えられる。形態的要因としては，加
齢に伴う肺胞の表面積の減少と気管支の柔軟性の低下があげられる。一
方，機能的要因としては，肋間筋や横隔膜など呼吸運動に関与する呼吸
筋の機能低下や，胸郭の柔軟性の低下が関係している。

　酸素摂取量は心拍出量と動静脈血酸素較差の積で決定される。最大心
拍出量は，加齢に伴い減少する[6]。最大心拍出量の減少の原因は，最大
心拍数と最大一回拍出量のどちらか，あるいは両方が減少することであ
る。最大心拍数は加齢によって減少するが，加齢に伴う運動時心拍数の
減少のメカニズムとして，心臓自体の加齢に伴う器質的変化だけでな
く，自律神経系の調節機能の変化，つまり，交感神経系刺激による反応
の低下が関与していると考えられる。個人差はあるが，最大心拍数の加

齢変化は下記の式で表される。

　　最大心拍数（拍/分）＝ 220 − 年齢

　さらに，加齢に伴う最大一回拍出量の減少は，加齢に伴う運動時の筋ポンプ作用の低下によって静脈還流量が減少し，左心室の拡張期末容積（前負荷）を減少させる。加えて，加齢による末梢血管抵抗の増大，そして動脈血管の伸展性の低下が左心室から血管を駆出する際の抵抗を上げ，大動脈圧が増大することにより，心臓収縮時に心筋に加わる負荷（後負荷）を増大させる。この前負荷の減少と後負荷の増大が最大一回拍出量の低下の原因である。

　$\dot{V}O_2max$ を決定するもう一つの動静脈血酸素較差には，血管からの骨格筋における酸素取り込み能力と酸素利用能力が反映される。加齢に伴い骨格筋内での酸化系酵素活性や毛細血管密度が低下することが知られており，より低い動静脈血酸素較差を導き出す。また，加齢に伴う骨格筋量の減少も $\dot{V}O_2max$ の低下に関係する[7]。

（2）全身持久力に対するトレーナビリティ

　加齢に伴う全身持久力（最大酸素摂取量）の低下を抑制するためには，ジョギングなどの有酸素性運動を用いた持久性トレーニングが効果的である。有酸素性運動が生活習慣病の予防・改善に効果的であることは，よく知られている。高齢者でも持久性トレーニングを行っている鍛錬者の $\dot{V}O_2max$ の低下は少なく，非鍛錬者よりも高い水準が維持されている（図4-5）[8]。図4-6には，持久性トレーニングを継続している80歳代の鍛錬者と運動習慣のない健康な80歳代の高齢者の $\dot{V}O_2max$ を示している[9]。また，図4-6の破線は，自立して生活できる人と他者に依存しなければ生活できない人の境界の $\dot{V}O_2max$ を表している。先行研究

から，$\dot{V}O_2max$ が 5 メッツ相当のカットオフ値（17.5 mL/kg/min）を下回ると，死亡率が非常に高くなる。そのため，全身持久力の低下を防ぐことが重要となる。

　持久性トレーニングに対する適応力（トレーナビリティ）に個人差は認められるものの，$\dot{V}O_2max$ の値が 30 歳代の平均値と同レベルである 80 歳代の鍛錬者についても報告されている。持久性トレーニングに対す

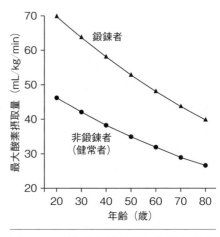

図 4-5　健常者と鍛錬者の加齢に伴う最大酸素摂取量
（Booth et al.[8] をもとに作成）

るトレーナビリティの加齢による影響を明らかにするために，高齢者（65.1±2.9 歳）と若年者（23.6±1.8 歳）の健康な男女 10 名を対象に，$\dot{V}O_2max$ の 70％の運動強度で 12 週間の持久性トレーニングを行わせ，$\dot{V}O_2max$ の変化を比較・検討した研究がある[10]。トレーニングによる $\dot{V}O_2max$ の増加量は，トレーニング前の値に対する割合（増加率）で評価すると，高齢者の方が大きくなった（**図 4-7A**）。また，骨格筋における酸素利用の指標である筋酸化能の変化については，若年者では増加率が 30％以下であったのに対し，高齢者では初期値の 2 倍以上になり，増加率は 120％近くにまで達した（**図 4-7B**）。これは，若年者と比較して，高齢者では持久性トレーニングによって筋の酸化能力が大きく改善されたことを示唆する。また，高齢者に持久性トレーニングを実施すると，動脈硬化度指標の低下や収縮期血圧の低下が生じ，骨格筋の毛細血管の血管新生も促進する。これらの効果から，高齢者では $\dot{V}O_2max$ の増加

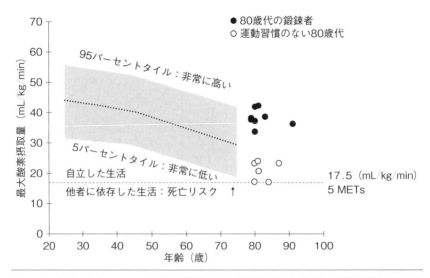

図4-6　持久性トレーニングの継続が80歳代高齢者の最大酸素摂取量に及ぼす影響（Trappe et al.[9] より）

　各年代の基準値は健康な男性（n＝44,549）のデータに基づく。破線は自立した生活を送るのに通常必要な最大酸素摂取量（5メッツ：17.5（mL/kg/min））を表している。最大酸素摂取量が破線を下回ると死亡リスクが高くなる。

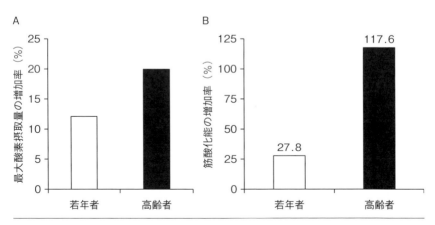

図4-7　持久性トレーニングによる最大酸素摂取量および筋酸化能の適応に及ぼす加齢の影響（Meredith et al.[10] より作図）

に伴う循環系の寄与によって骨格筋での末梢機能が改善すると考えられる。また，高齢期から持久性トレーニングを実施した場合でも，$\dot{V}O_2max$ は 10～30％の増加が観察されている[11]。このように，持久性トレーニングに対するトレーナビリティは高齢者においても高いことが示されており，加齢に伴う $\dot{V}O_2max$ の低下は持久性トレーニングによって抑制することが多くの研究によって示されている。

4. 加齢に伴う骨格筋量および筋力の変化

（1）加齢に伴う骨格筋量の変化

　加齢に伴う骨格筋量の変化は全身で認められるものの，部位差がある。**図4-8**は，超音波法によって測定された筋厚の加齢変化を20代の値を100％として示している。上腕では後面（上腕三頭筋），大腿では前面（大腿四頭筋），さらに体幹（腹直筋）における筋厚の減少が著しく認められる[12]。このような部位差が生じる原因については明確ではない。

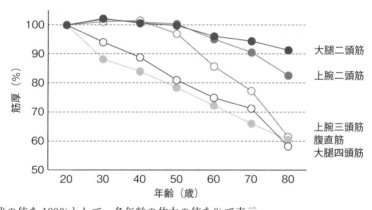

20代の値を100％として，各年齢の体力の値を％で表示。

図4-8　加齢に伴う身体各部位の筋量の変化（安部ら[12]より作図）

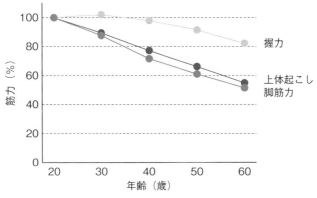

20代の値を100%として，各年齢の値を％で表示。

図 4-9　加齢に伴う筋力の変化（東京都立大学体力標準値研究会[3] より作図）

（2）加齢に伴う筋力の変化

　筋力における加齢性変化は，骨格筋量の加齢性変化をおおよそ反映した形で現れる。筋群による違いはあるものの，20〜30代で筋力のピークを迎えた後，加齢に伴い徐々に低下する。しかし，上半身と下半身では加齢に伴う低下率が異なる（図4-9）。20代の値を100％とすると，60歳では脚筋力（下肢伸筋群の静的筋力）および上体起こしは約60％まで低下するのに対して，握力は80％程度の低下に留まる。このことは，加齢に伴う下肢および体幹部の筋力の低下が著しいことを示唆する。

（3）サルコペニア

　サルコペニアとは，Irwin Rosenberg によって 1989 年に提唱された概念であり[13]，ギリシャ語で筋肉を表す「sarx」と，喪失を表す「penia」とを組み合わせた造語である。サルコペニアの概念が提唱された当初は，加齢に伴う骨格筋量の減少を指すものであったが，2018 年，European

Working Group on Sarcopenia in Older People（EWGSOP）はコンセンサスレポートを改訂し，その中でサルコペニアを「転倒，骨折，身体機能低下，死亡などの負のアウトカムの危険が高まった，進行性かつ全身性の骨格筋疾患である」と定義し[14]，量的減少に加えて筋力低下や身体機能低下も含める広い概念となっている。

A）サルコペニアの評価

本邦におけるサルコペニアの評価には，Asian Working Group for Sarcopenia（AWGS）が 2019 年に改訂した診断基準（**図 4-10**）[15] の使用が推奨されている。筋力もしくは身体機能の低下に加えて，骨格筋量減少が認められるケースについて，サルコペニアと診断する。65 歳以上の有病率は，男女とも約 10％であると報告されている[16]。

B）サルコペニアのメカニズム

骨格筋量の減少は，筋線維の数が減少することと（**図 4-11AB**），筋線維自体が萎縮することが原因といわれる。筋線維は，その収縮特性から遅筋（赤筋，タイプⅠ）線維と速筋（白筋，タイプⅡ）線維に分類される（**図 4-12**）[18]。サルコペニアの場合，速筋線維に選択的な萎縮が認められるのが特徴である（**図 4-11D**）[17]。

Murgia ら（2017）は，高齢期および若年期男性の外側広筋を対象に，各筋線維タイプの単一筋線維よりタンパク質を抽出し，酸化系エネルギー供給能は両筋線維タイプで加齢に伴い同様に低下するのに対して，解糖系エネルギー供給能（解糖系酵素）は遅筋線維で加齢に伴い上昇し，速筋線維では低下することを明らかにした[19]。エネルギー代謝面においても，加齢に伴う筋線維タイプごとの適応に差異があることが示唆された。

骨格筋は，肉離れや打撲などの外力によって怪我（筋損傷）をした場合や，骨折等による固定処置（ギプス固定）や病気等による長期臥床（ベッドレスト）によって顕著に萎縮した場合であっても，その後筋の

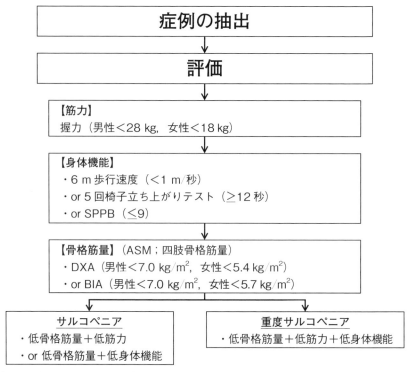

SPPB：Short Physical Performance Battery
DXA：二重エネルギーX線吸収測定
BIA：生体電気インピーダンス法

図 4-10　サルコペニア診断基準（Chen et al.[15] より作図）

再生が認められ，適切なリハビリテーションやトレーニングによって回
復することが可能である。すなわち，骨格筋は本来，再生能に富んだ組
織である。しかし，加齢に伴い，筋損傷後の再生が十分に働かないこと
や，萎縮した骨格筋は元に戻りづらいという現象が認められる。こうし
た加齢に伴う再生能（可塑性）の喪失は，サルコペニアの要因の一つと

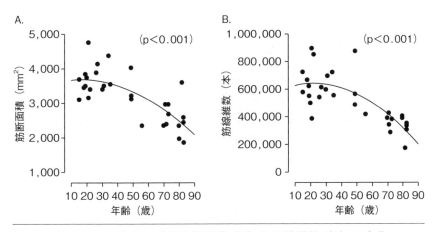

図 4-11AB　加齢に伴う筋断面積（A）と筋線維数（B）の変化
（Lexell et al.[17] をもとに作成）

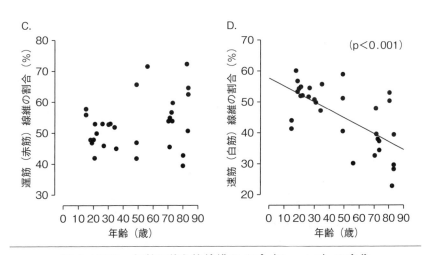

図 4-11CD　加齢に伴う筋線維タイプ（C and D）の変化
（Lexell et al.[17] をもとに作成）

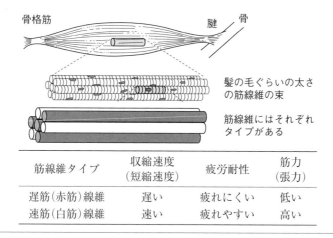

図 4-12　骨格筋の構造と筋線維タイプ
(イラスト部分は「杉晴夫編著：筋肉の収縮，人体機能生理学，改訂第3版，p. 60，1997，南江堂」より許諾を得て改変し転載)

して考えられる[20]。実際，ヒトの大腿部における筋線維数が若年期と比較して，高齢期では半分近くまで減少することが報告されている（**図4-11B**)[17]。

(4) 筋力に対するトレーナビリティ

　加齢に伴う筋力や骨格筋量の低下を最小限に食い止めるためには，筋力トレーニングが効果的である。高齢者でも高強度の筋力トレーニングを行っている鍛錬者の筋力の低下は少なく，非鍛錬者よりも高い水準を維持できる[21]。このように，筋力トレーニングを継続することで，高齢者でもトレーニング効果が得られる。筋力トレーニングに対するトレーナビリティについて，若年者と高齢者とを直接比較した研究は少ないが，9週間の高負荷での筋力トレーニングを行った研究では，若年者と高齢

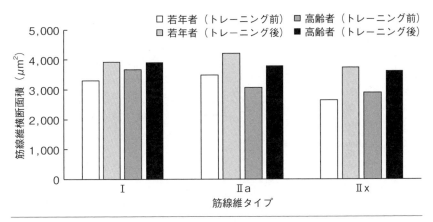

図 4-13　**筋力トレーニングに対する筋線維タイプごとの適応に及ぼす加齢の影響**（Martel et al.[22] のデータより作図）

者の男性とも筋力（1 RM：最大挙上重量）の増大が同程度観察された（31% vs 27%）。また，筋線維タイプごとにみると，速筋線維（タイプⅡa とⅡx）の肥大率が遅筋線維（タイプⅠ）よりも大きいことが認められた（**図 4-13**）[22]。

　このように，高齢者であっても高負荷の筋力トレーニングに関するトレーナビリティを持っていると考えられる。しかし，高齢者が若年者と同じような負荷を用いて筋力トレーニングを行うのは，運動器や循環器に対する危険を伴う可能性がある。そのため，特に運動経験のない高齢者に指導を行う場合には，安全面も考慮し，後述する自体重を利用した方法を有効に活用することが望ましいと考えられる。

（5）サルコペニアを予防・改善するための運動プログラム

A）有酸素性運動

　図 4-14 は，運動を行う際の強度と，その強度において利用される筋

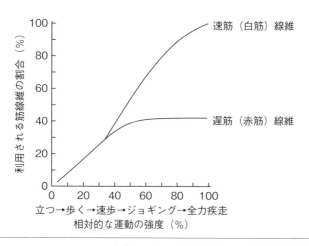

図 4-14　運動強度と利用される筋線維タイプ

線維タイプについて示している。ウォーキングのような運動強度の低い
運動では，すべての筋線維が利用（動員）されることはなく，疲労しに
くい遅筋線維が優先的に利用される。そして，速歩やジョギングのよう
にスピード（運動強度）が上がると，利用される筋線維の数も増えると
ともに，速筋線維も利用されるようになる。既述のとおり，サルコペニ
アでは遅筋線維よりも速筋線維の萎縮が優位であると考えられるが，そ
の予防・改善を目的として運動を行う場合，主に遅筋線維を利用する
ウォーキングのような低強度の有酸素性運動のみでは，加齢に伴う速筋
線維の萎縮の抑制効果として十分ではない可能性がある。サルコペニア
の予防・改善の観点からも，ウォーキングを行うならば通常歩行と速歩
を交互に行うインターバル速歩に取り組むなど，速筋線維を利用する運
動プログラムが注目される。しかし，速歩によって運動強度を上げるこ
とは，循環器や関節等の運動器に過度な負担が生じる可能性があるため，
高齢者への運動指導に際しては十分な配慮が必要になる。

B）筋力トレーニング

　サルコペニアの予防・改善に有効な手段として，筋力トレーニングが効果的である。実際，平均年齢 87 歳の高齢者を対象に実施した筋力トレーニングにおいても，筋力の増加と筋肥大が確認されている[23]。この他，多くの研究結果から，適切な筋力トレーニングを実施することによって，高齢者でも筋量や筋力を増大させることができると考えられる[24]。そのため，ウォーキングに代表される有酸素性運動に筋力トレーニングを加えることが，サルコペニアの予防・改善に効果的である。

　一般的には，筋肥大や筋力増強を目的とした場合，バーベルや特別なトレーニング機器を利用して，効率的に速筋線維を動員することを目的に最大挙上重量（1 RM）の 70〜90％もしくは最大反復回数が 4〜12 回になる高負荷筋力トレーニングが推奨され，こうしたトレーニングが高齢者にも有効であることは古くから知られている[25,26]。しかし，対象が高齢者である場合には，何らかの疾患を有している可能性や，高負荷による筋損傷とその後の再生能の低下を考慮する必要もあり，高い強度での運動の実施が難しい場合がある。そういった安全性への配慮から，高齢者の健康づくりや介護予防運動の現場では，自体重や低強度（最大筋力の 60％以下）での筋力トレーニングが実施されている。これまで，低負荷の筋力トレーニングは筋量や筋力の増強に効果的でないといわれていたが，近年の研究において負荷の上げ下げをゆっくり行ったり，疲労困憊まで行ったりすることで高負荷での筋力トレーニングと同程度の効果が得られることが明らかにされてきた。

C）自体重を利用した軽負荷での筋力トレーニングの実例

　自体重を利用した軽負荷での筋力トレーニングによって高齢者の筋量，筋力，身体機能等を改善する運動プログラムが開発されている[27]（**図 4-15，表 4-1**）。自体重を利用した筋力トレーニングでは，いつでも，どこ

図4-15　自体重トレーニングの代表例

表4-1　ロコモ予防運動プログラムの内容

種目	週					
	1-2	3-4	5-6	7-8	9-10	11-12
スクワット	○	○	○	○	○	○
プッシュアップ	○	○	○	○	○	○
クランチ	○	○	○	○	○	○
ヒップリフト	○	○	○	○	○	○
ヒールレイズ		○	○	○	○	○
シーテッドロウ			○	○	○	○
ランジ				○	○	○
ショルダープレス					○	○
アームカール						○
1セットの回数（回）	8	10	10	10	15	15
収縮-伸張時間（秒）	3-3	3-3	4-4	4-4	3-3	3-3
セット数（セット/日）	3	3	3	3	3	3
セット間 休息（秒）	60	60	45	45	30	30
頻度（日/週）	2	2	2	2	2	2

でも，誰とでも，手軽にできるという特長がある。一方，自体重トレーニングを安全かつ効果的に実施するためには，動作フォームやリズムを正しく身に付けるとともに，適切な運動内容を決定する必要がある。そ

表 4-2 トレーニングの原理・原則

トレーニングの三大原理
①過負荷…普段よりも強い負荷をかける
②可逆性…トレーニング効果はその中断によって失われる
③特異性…運動効果は運動の特殊性と使われる筋肉に依存する

トレーニングの五大原則
①全面性…全身バランスよく
②個別性…個人のレベルに合わせて
③漸進性…少しずつ負荷を増やしていく
④反復性…効果は継続的に実施することで獲得できる
⑤意識性…内容や目的，使用している筋の部位を意識して取り組む

して，そうした運動内容の決定に際して念頭に置くべきものとして，「トレーニングの原理・原則」があげられる（**表 4-2**）。特に，筋肉づくりや筋力アップにおいては，「過負荷の原理」に基づき，筋力レベルに応じた適切な負荷を課すことが重要と考えられる。

　日本人高齢者を対象とした先行研究において，加齢に伴う筋肉量の減少は特に下肢で顕著に生じることが報告されている[28]。また，下肢の筋群でも大腿部前面や腹筋の局所で筋萎縮することが報告されている[29]。こうした局所的な筋量の減少に対して，自体重による運動プログラムは有用であることが報告されている。さらに，筋力トレーニングを開始する時点での血清アルブミンレベルが比較的低い場合には，運動プログラムに取り組むことで期待されるトレーニング効果が制限されることも報告されている[30]。こうした知見は，栄養状態の悪化が生じていることや，トレーニング効果を適切に得るためには栄養状態の改善が必要であることを示唆しており，そのことは運動面と食事面からのアプローチが必要であることを示唆している。

5. おわりに

　本講義では，行動体力を中心とする体力における加齢や運動の影響を概説し，さらに加齢に伴う筋量・筋力の変化やサルコペニアへの対策について述べてきた。2019年5月に策定された「健康寿命延伸プラン」[31]では，「疾病予防・重症化予防」の具体策の一つとして「医学的管理と運動プログラム等の一体的提供」があげられており，既述の運動プログラムに代表される具体的な対策が確立される意義は大きいと考えられる。今後，筋力トレーニング（特に，自体重を利用した軽負荷でのレジスタンストレーニング）を含めた運動プログラムを用い，全身持久力や筋力に代表される体力の向上を通した健康寿命延伸に対する介入効果を検証していくことが重要である。

参考文献

1) 猪飼道夫：運動生理学入門，杏林書院，1969.
2) 厚生労働省：健康づくりのための運動基準，2006.
3) 東京都立大学体力標準値研究会編：新・日本人の体力標準値，不昧堂出版，2000.
4) Myers, J., et al.：Exercise capacity and mortality among men referred for exercise testing. N Engl J Med 346：793-801, 2002.
5) 山地啓司：改訂最大酸素摂取量の科学，杏林書院，2001.
6) Pollock, M.L., et al.：Twenty-year follow-up of aerobic power and body composition of older track athletes. J Appl Physiol 82：1508-1516, 1997.
7) Fleg, J.L., Lakatta, E.G.：Role of muscle loss in the age-associated reduction in VO2 max. J Appl Physiol 65：1147-1151, 1988.
8) Booth, F.W., et al.：Role of Inactivity in Chronic Diseases：Evolutionary Insight and Pathophysiological Mechanisms. Physiol Rev 97：1351-1402, 2017.

9) Trappe, S., et al. : New records in aerobic power among octogenarian lifelong endurance athletes. J Appl Physiol (1985) 114 : 3-10, 2013.

10) Meredith CN et al : Peripheral effects of endurance training in young and old subjects. J Appl Physiol (1985) 66 : 2844-2849, 1989.

11) American College of Sports Medicine Position Stand. Exercise and physical activity for older adults. Med Sci Sports Exerc 30 : 992-1008, 1998.

12) 安部孝，福永哲夫：日本人の体脂肪と筋肉分布，杏林書院，1995.

13) Rosenberg, I.H. : Summary comments : epidemiological and methodological problems in determining nutritional status of older persons. Am J Clin Nutr, 50 : 1231-1233, 1989.

14) Cruz-Jentoft, A.J., et al. : Sarcopenia : revised European consensus on definition and diagnosis. Age Ageing, 48 : 16-31, 2019.

15) Chen, L.K., et al. : Asian Working Group for Sarcopenia : 2019 Consensus Update on Sarcopenia Diagnosis and Treatment. J Am Med Dir Assoc 21 : 300-307, 2020.

16) Shafiee, G. et al. : Prevalence of sarcopenia in the world : a systematic review and meta- analysis of general population studies. J Diabetes Metab Disord 16 : 21, 2017.

17) Lexell, J. et al. : What is the cause of the ageing atrophy? Total number, size and proportion of different fiber types studied in whole vastus lateralis muscle from 15- to 83-year-old men. J Neurol Sci 84 : 275-294, 1988.

18) 杉晴夫ら：人体機能生理学 改訂第 3 版，南江堂，1997.

19) Murgia, M. et al. : Single muscle fiber proteomics reveals fiber-type-specific features of human muscle aging. Cell Rep 19 : 2396-2409, 2017.

20) Grounds, M.D. : Age-associated changes in the response of skeletal muscle cells to exercise and regeneration. Ann N Y Acad Sci 854 : 78-91, 1998.

21) Kenney, W.L. et al. : Physiology of Sport and Exercise 8th, With HKPropel Access, 2021.

22) Martel, G.F. et al. : Age and sex affect human muscle fibre adaptations to heavy-resistance strength training. Exp Physiol 91 : 457-464, 2006.

23) Singh, M.A., et al. : Insulin-like growth factor I in skeletal muscle after

weight-lifting exercise in frail elders. Am J Physiol 277：E135-143, 1999.

24) Borst, S.E.：Interventions for sarcopenia and muscle weakness in older people. Age Ageing 33：548-555, 2004.

25) Frontera, W.R., et al.：Strength conditioning in older men：skeletal muscle hypertrophy and improved function. J Appl Physiol 64：1038-1044, 1988.

26) Fiatarone, M.A., et al.：High-intensity strength training in nonagenarians. Effects on skeletal muscle. JAMA 263：3029-3034, 1990.

27) Ozaki, H., et al.：Muscle Size and Strength of the Lower Body in Supervised and in Combined Supervised and Unsupervised Low-Load Resistance Training. J Sports Sci Med 19：721-726, 2020.

28) 谷本芳美ら：日本人筋肉量の加齢による特徴. 日本老年医学会雑誌 47：52-57, 2010.

29) Natsume, T., et al.：Site-Specific Muscle Loss in the Abdomen and Anterior Thigh in Elderly Males with Locomotive Syndrome. J Sports Sci Med 20：635-641, 2021.

30) Sawada, S., et al.：Serum albumin levels as a predictive biomarker for low-load resistance training programs' effects on muscle thickness in the community-dwelling elderly Japanese population：interventional study result. BMC Geriatrics 21：464, 2021.

31) 厚生労働省：令和 2 年版 厚生労働白書, 2020.

学習課題

・行動体力について説明してみよう。

・防衛体力について説明してみよう。

・全身持久力に対するトレーナビリティについて説明してみよう。

・サルコペニアを予防・改善するための運動プログラムについて説明してみよう。

5 | メタボリックシンドロームと全身の脂肪

田村好史

《目標＆ポイント》 メタボリックシンドロームのメカニズムとして内臓脂肪の蓄積とそれに伴うインスリン抵抗性の重要性が指摘されているが，近年，肝臓や骨格筋の細胞内に蓄積する脂質（異所性脂肪）がインスリン抵抗性の病態としてより重要であることが明らかとなってきている。メタボリックシンドロームの概念と異所性脂肪との関連，それに対する食事，運動の効果について解説する。
《キーワード》 異所性脂肪，インスリン抵抗性

1. メタボリックシンドロームとインスリン抵抗性

　近年，肥満者の増加に伴い，メタボリックシンドロームに該当する人の人数は増加傾向である。肥満になると，どうしてメタボリックシンドロームになっていくのか？　この両者をつなぎ合わせる病態の基盤として「インスリン抵抗性」が重要であると考えられている。インスリン抵抗性とは血糖値を下げるホルモンであるインスリンの効きが悪い状態を指し，肥満に伴って生じることがすでに明らかである。インスリン抵抗性は血糖値の増加のみならず，脂質代謝異常にも深く関与している。また，インスリン抵抗性が起こると，その代償機構として膵臓からのインスリンの過剰分泌を来し，このインスリンが高血圧や動脈硬化を生じさせる可能性が指摘されている。

　それでは，インスリン抵抗性が肥満者で生じるメカニズムは何であろ

82

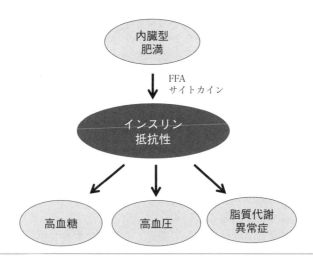

図5-1　脂肪中心仮説

うか？　現在までの有力な仮説として「脂肪中心仮説」が唱えられてい
る（**図5-1**）。肥満に伴って，主に内臓脂肪が蓄積すると，脂肪の質的な
異常が生じる。例えば，肥満者の脂肪組織には軽度の炎症があり，脂肪
細胞自体が様々なサイトカインを分泌し，肝臓，骨格筋といった糖を臓
器内に蓄積する二大臓器にインスリン抵抗性を生じさせうる。これ以外
の機序として，歴史的に遊離脂肪酸（free fatty acid；FFA）の重要性が指
摘されている。例えば，肥満者では血中FFAの上昇が認められ，その原
因として，肥満に伴って大型化した脂肪細胞から，脂肪組織に貯めきれ
ない脂質がFFAとして放出されること（lipid spillover；リピッドスピル
オーバー）が考えられている。実際に，健常人の血中FFA濃度を脂肪乳
剤とヘパリンを用いて人為的に高めると，骨格筋のインスリン抵抗性[1-3]
や肝インスリン抵抗性[4]が短時間で惹起されることも知られている。そ
れでは，なぜFFAがインスリン抵抗性を惹起するのであろうか？　この

点に関しては，1999年にヒトにおいて proton magnetic resonance spectroscopy（^{1}H-MRS）法で細胞内の脂質量（異所性脂肪）が測定可能になったことがブレークスルーとなり，異所性脂肪がインスリン抵抗性に与える影響が明らかとなってきた。

2. MRS による細胞内脂質測定

　MRS は一定の条件下で，ある物質がその特性によって決まる一定の周波数の電磁波を吸収する性質を利用して解析する方法である。骨格筋においては，測定時にボクセルを骨格筋内に設定して，その中のシグナルを検出する。この方法を応用することにより，骨格筋や肝臓における細胞内脂質量を細胞外の脂質と分けて非侵襲的に，定量することが可能となった[5]。それでは，細胞内と細胞外の脂質は何を意味するのであろうか？　図はいわゆる霜降り肉の写真である（**図 5-2**）。霜とは，目に見える白い部分のことを指すが，この部分は筋肉ではなく，筋肉内に混入した脂肪組織である。英語では，この霜のことをマーブル状の脂肪沈着と表現する。しかし，実際には図の赤身の部分，この部分は骨格筋であるが，その細胞内にも脂質が存在する。^{1}H-MRS では，この見た目で判断

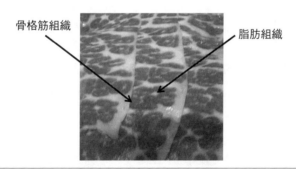

骨格筋組織　　　　　　　　　　脂肪組織

図 5-2　骨格筋と脂肪組織

できる霜降りと，バイオプシーで採取し，染色しないとわからない細胞内の脂質量を非侵襲的に区別して測定することができる。一方の脂肪肝については，肝臓の脂肪は大部分肝実質細胞内に蓄積するため，その測定は骨格筋と比較して容易である。

3. 骨格筋細胞内脂質とインスリン抵抗性

　動物実験や細胞を用いた実験により，骨格筋においては細胞内脂質の蓄積がインスリン抵抗性の原因になっているだろうという仮説が立てられていたが，ヒトにおいて，それらが同様にそうであるかは判然としていないところがあった。その理由の一つとして，骨格筋における細胞内脂質を測定するにはバイオプシーが必須であり，その定量性や再現性が完全ではなかったことが問題とされてきた。この点に関して，^{1}H-MRS の測定により，理論的にも精密，正確な測定が可能となった。この方法のメリットとして，バイオプシーが不要であること，そのため，数時間おきの測定が可能となり，タイムコースが簡単に測定できること，バイオプシーで取れるごくわずかなサンプルではなく，ボクセルを設定することにより，より広範囲の領域の測定が可能であること，などがあげられる。

　この方法を用いて，まず細胞内脂質量と骨格筋のインスリン感受性の関連性が調査された。被験者として選ばれたのは糖尿病の家族歴を持つ非肥満者 14 名で，MRS による骨格筋細胞内脂質（intramyocellular lipid；IMCL）量と高インスリン正常血糖クランプ検査を行い，その相関関係が調査された。その結果，これらの両者には負の相関関係が観察された[6]。また，ヒトに対する高インスリン正常血糖クランプ中に脂肪乳剤とヘパリンを用いて血中 FFA 濃度を上昇させると，IMCL は時間依存性に有意に増加したのに伴い，グルコース注入率は有意に低下し，

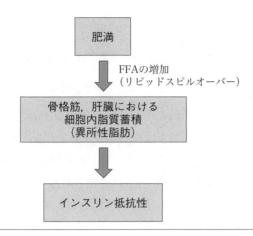

図 5-3　肥満がインスリン抵抗性を発生するメカニズム

IMCL とグルコース注入率に負の相関を認めた[2]。これらのことから，肥満によりインスリン抵抗性が惹起されるメカニズムとして，FFA が脂肪細胞から放出され，それが IMCL として骨格筋細胞内に蓄積することが関与している可能性が考えられる（**図 5-3**）。

4. 細胞内脂質がインスリン抵抗性を引き起こすメカニズム

　細胞内の脂質は，主にトリアシルグリセロール（TG）として蓄積しているが，それにより相対的なジアシルグリセロール（DG）の増加を招き，その下流でプロテインキナーゼ C（PKC）を活性化する。活性化した PKC は直接的にインスリンシグナル伝達の不全を引き起こし，インスリン抵抗性に結びつくと推測される[7]。上述した現象は，主に細胞やげっ歯類での研究結果であるが，実際にヒトにおける検討でも，健常人に FFA を経静脈投与すると骨格筋における DG 増加と PKC-βII，δ の

$$FFA \rightarrow DG \rightarrow PKC \rightarrow シグナル伝達 \downarrow \rightarrow インスリン抵抗性$$

図5-4　細胞内脂質がインスリン抵抗性を発生するメカニズム

活性化が観察される[3]。

　これらをまとめると，肥満や脂肪細胞に対するインスリンの作用不足が起点となり，持続的な高FFA血症（リピッドスピルオーバー）がIMCLの蓄積を引き起こす。この細胞内でのTG蓄積はPKCの活性化作用を有するDGの相対的増加を導き，PKCを活性化する。活性化したPKCはインスリンシグナル伝達の不全を引き起こし，インスリン抵抗性に結びつくと推測される（図5-4）。

5. 非肥満者におけるリピッドスピルオーバーとインスリン抵抗性

　前述のとおり肥満者がインスリン抵抗性を惹起するメカニズムとしては，肥満→FFAの上昇（リピッドスピルオーバー）→肝臓・骨格筋細胞内脂質増加→インスリン抵抗性発生，という機序が推測されている。しかしながら，日本で行われた大規模臨床試験であるJapan Diabetes Complications StudyやNIPPON DATAにより糖尿病患者の平均BMIは〜23 kg/m^2 と正常レベルであること，心血管系イベントによる死亡は非肥満患者（BMI<25 kg/m^2）が全体の約80％を占めていることが明らかとなった。そのため，過去に行われてきた肥満を中心とした研究成果は日本人で多く見受けられる非肥満の病態には必ずしも合致しておらず，非肥満の病態生理学的な評価や病因論について，未だ不明の部分が多く残されている。

　この点に関して，欧米人などと比較しアジア人では皮下脂肪に脂肪を十分に貯蔵できず，容易にリピッドスピルオーバーが生じることが示唆

されてきたが，そのような状態がいつからどのように生じているかは明らかになっていなかった。そこで我々は非肥満者においてリピッドスピルオーバーが生じるのか，また，あるとしたらその代謝的な意義はどのようなものか，を明らかとするための調査を行った[8]。BMI が正常範囲内（21〜25 kg/m²）で心血管代謝リスク因子（高血糖，脂質異常症，高血圧のいずれか）を持っていない健康な日本人男性（52 名）を対象に全身の代謝状態や脂肪分布に関する調査を行った。その結果，非肥満で健康な方の中でも，肥満者と同様に，リピッドスピルオーバーを来しやすい人（脂肪組織インスリン感受性が低い人）がおり，そのような人では，皮下脂肪が多い，肝脂肪が多い，など全身の脂肪量が多いことに加え，体力レベル・日常生活活動量が低い，中性脂肪が高い，善玉コレステロール（HDL コレステロール）が低い，筋肉のインスリン抵抗性が

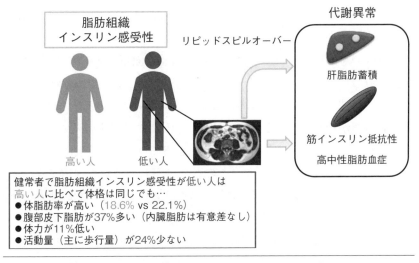

図 5-5　非肥満者のリピッドスピルオーバー
(Sugimoto D, et al.[8] より作図)

ある，という特徴が明らかになった（図5-5）。このように，肥満者だけではなく，非肥満の日本人で健康な人でもリピッドスピルオーバーを生じているような人が存在し，そのような人では軽度の代謝異常を来す原因となっている可能性が示された。

6. 肥満症に対する減量の効果

　このように，インスリン抵抗性の病態生理として，高FFA血症が重要であるように思える。しかしながら，FFAの血中濃度に変化が無くても，インスリン抵抗性は改善しうる。我々は，13名の肥満症男性に対する食事療法による介入調査を行い^{1}H-MRSによりIMCL，肝細胞内脂質（intrahepatic lipid；IHL）を定量評価し，同時に高インスリン正常血糖クランプに経口糖負荷を組み合わせて，末梢インスリン感受性，肝糖取り込み率を測定した[9]。3ヶ月の介入により6.6%の体重減少が認められそれに伴い糖質代謝，脂質代謝，血圧といったメタボリックシンドロームに関連したいずれのパラメーターも有意な改善を認めた。75g経口糖負荷試験でも耐糖能の改善を認め，血糖曲線下面積，インスリン曲線下面積も有意に減少し，インスリン抵抗性が改善したことが示唆された。しかし，興味深いことに骨格筋のインスリン抵抗性，IMCLは有意な変化を認めなかった。これとは対照的に，IHLは約40%減少し，これとともに肝糖取り込み率も2.4倍増加した（図5-6）。全身の脂肪の変化と肝臓の脂肪の変化を比較すると，この変化は際立っていた（図5-7）。また，介入前後の空腹時の血中FFAレベルは有意な変化を認めなかった。

　このように，我々の肥満症への介入結果から，食事療法は体重減少がわずかであっても肝臓内の細胞内脂質を大幅に減少すると同時に，肝糖取り込みを改善することが示唆された。しかしながら，骨格筋の代謝はこの間に変化しておらず，ここには運動が必要であることが明らかと

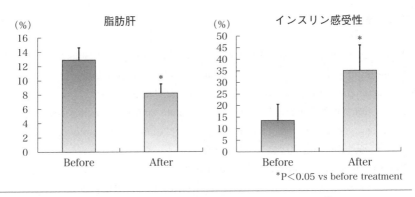

図5-6　**脂肪肝とインスリン感受性の変化**（Sato F, et al.[9] より作図）

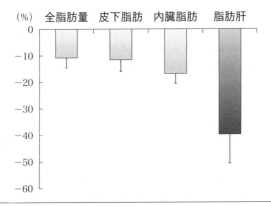

図5-7　**各部位の脂肪量の変化率**（Sato F, et al.[9] より作図）

なっている（次章参照）。興味深いことに，これらの変化は血中のFFA
濃度の変化とは独立して生じており，短期間の介入による食事，運動に
よる細胞内脂質の低下は肝臓，骨格筋への直接的な作用であることが示
唆された。

参考文献

1) Boden G, Shulman GI : Free fatty acids in obesity and type 2 diabetes : defining their role in the development of insulin resistance and beta-cell dysfunction. Eur J Clin Invest 32 (3) : 14-23, 2002.

2) Bachmann OP, et al. : Effects of intravenous and dietary lipid challenge on intramyocellular lipid content and the relation with insulin sensitivity in humans. Diabetes 50 : 2579-2584, 2001.

3) Itani SI, et al. : Lipid-induced insulin resistance in human muscle is associated with changes in diacylglycerol, protein kinase C, and IkappaB-alpha. Diabetes 51 : 2005-2011, 2002.

4) Lam TK, et al. : Mechanisms of the free fatty acid-induced increase in hepatic glucose production. Am J Physiol Endocrinol Metab 284 : E863-873, 2003.

5) Szczepaniak LS, et al. : Measurement of intracellular triglyceride stores by H spectroscopy : validation in vivo. Am J Physiol 276 : E977-989, 1999.

6) Jacob S, et al. : Association of increased intramyocellular lipid content with insulin resistance in lean nondiabetic offspring of type 2 diabetic subjects. Diabetes 48 : 1113-1119, 1999.

7) Morino K, et al. : Molecular mechanisms of insulin resistance in humans and their potential links with mitochondrial dysfunction. Diabetes 55 (2) : S9-S15, 2006.

8) Sugimoto D, et al. : Clinical Features of Nonobese, Apparently Healthy, Japanese Men With Reduced Adipose Tissue Insulin Sensitivity. J Clin Endocrinol Metab 104 : 2325-2333, 2019.

9) Sato F, et al. : Effects of diet-induced moderate weight reduction on intrahepatic and intramyocellular triglycerides and glucose metabolism in obese subjects. J Clin Endocrinol Metab 92 : 3326-3329, 2007.

学習課題

・自分の BMI を計算してみよう。
・自分の健康診断の結果を見直してみよう。
・インスリン抵抗性がどのように発生し，どのような疾患と結びつくの
　かまとめてみよう。

6 | 糖尿病・メタボリックシンドロームと生活習慣

田村好史

《目標＆ポイント》　近年，2型糖尿病患者数は増加の一途を辿り，今後効果的な予防や治療法の開発が望まれる。肝臓や骨格筋の細胞内に蓄積する脂質（異所性脂肪）がインスリン抵抗性の病態としてより重要であることが明らかとなってきているが，その機序としての生活習慣の役割を検証し，糖尿病の発症，治療におけるそれらの重要性や具体的な対処方法について考えたい。特に日本人においては，非肥満の2型糖尿病が多く，その発症機序と運動の役割について詳しく解説する。

《キーワード》　骨格筋細胞内脂質，インスリン抵抗性，行動変容

1. 非肥満者における生活習慣とインスリン抵抗性

　前章で述べたとおり，肥満によりもたらされるインスリン抵抗性はメタボリックシンドロームや糖尿病の重要な病態の一つであり，そのメカニズムの一つとしてリピッドスピルオーバーがあることを述べた（前章図 5-3，5-4 参照）。また，リピッドスピルオーバーは日本人の非肥満者でも生じ，軽度の代謝異常と関連することも明らかになったことから，リピッドスピルオーバーはアジア人がなぜ非肥満者でも糖尿病やメタボリックシンドロームになりやすいかのメカニズムの一つになっていると考えられる。

　その一方で，戦後の2型糖尿病患者数の増加と生活習慣の変化を対比してみると，日本人の脂肪摂取量と強く関連しているように推測され

る。興味深いことに，1日あたりのカロリー摂取は脂肪摂取量の変化と
比較してそれ程大きくはない。日本人においては，以前主食（米）中心
で摂取していたのが，おかず中心に変化した，魚の摂取が多かったの
が，肉に変化してきたことが2型糖尿病発症と関連している可能性があ
る。実際に，我々は3日間の高脂肪摂取が骨格筋細胞内脂質
（intramyocellular lipid；IMCL）を増加させることを明らかとしたこと
より[1]，1つの仮説として，高脂肪食は太っていない人でもIMCLを増
加させインスリン抵抗性の増悪，2型糖尿病の発症に結びつくことが提
唱されうる。

　そこで，脂肪負荷に対するIMCLの増加の程度が，環境因子や遺伝要
因といった様々な体質が関与しているという仮説のもと，一定量の高脂
肪負荷によるIMCLの増加の程度を「脂肪負荷感受性」として新規に定

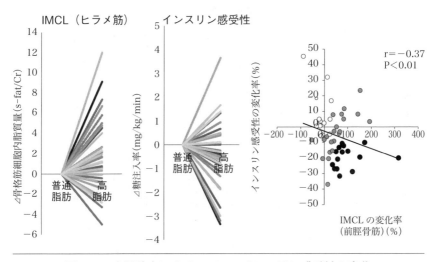

図6-1　高脂肪食によるIMCL，インスリン感受性の変化
（右のグラフ　Kahehi S, et al.[3] より引用）

義した。その上で，脂肪負荷感受性は存在するのか？　それが，インスリン抵抗性に結びつくのか？　脂肪負荷感受性を規定しているものは何か？　そのような疑問に対して，非肥満男性に対して3日間の高脂肪食（炭水化物20％，脂質60％，蛋白質20％）を負荷し，IMCLの変化やインスリン抵抗性の変化について観察を行った[2,3]。その結果，体重は変化がなかったが，ヒラメ筋，前脛骨筋におけるIMCLは有意に約1.2～1.3倍程度増加し（図6-1），その一方で，骨格筋のインスリン感受性は減少傾向を認めた。次に，IMCLの変化とインスリン感受性の変化の関連を検討したところ，前脛骨筋において有意な負の相関が認められた（r＝－0.37，P＜0.01）（図6-1）。そのため，全体的には3日間の高脂肪食により，IMCLが蓄積しやすい人ほどインスリン感受性が低下するという傾向があると考えられた。

　どのような人でIMCLが蓄積しやすかったかを検討したところ，高分子型アディポネクチンの血中濃度が低い人ほど，IMCLが蓄積されやすいことが明らかとなった。さらに，被験者を普段週1回以上運動してい

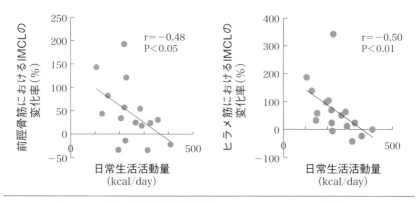

図6-2　日常生活活動量は脂肪筋のなりやすさと関連する
（Sakurai Y, et al.[2] より引用）

る群と，そうでない群の 2 群に分けて解析したところ，運動していない群では，IMCL の増加と生活活動量に強い負の相関があり（**図 6-2**），身体活動が脂肪負荷感受性の規定因子の一つであることが示唆された。このことは，普段の歩行が脂質燃焼を介して骨格筋における脂質蓄積に抑制的に働いている結果であることが推察される。同様にして，アディポネクチンは骨格筋においては脂肪燃焼を促進し，IMCL を減少させる作用を有することが in vitro, in vivo のレベルで実証されてきており，この結果はそれら一連の結果と矛盾しない結果であった。

2. 筋肉のインスリン抵抗性と全身の代謝障害

　このように，我が国を始めとした東アジア人では非肥満者でも 2 型糖尿病を発症することが多く，その場合は経口摂取された脂肪や運動不足あるいは低アディポネクチン血症が IMCL 蓄積に働き発症リスクを高めている可能性が明らかとなった。この点に関して，最近の非肥満者を対象とした調査である Sportology Center Core Study では，非肥満者の代謝異常の原因について様々な検証を実施してきている。

　本研究では，BMI が 23〜25 kg/m^2 で心血管代謝リスク因子（高血糖，脂質異常症，高血圧のいずれか）を持っていない者 28 名，1 つ持っている者 28 名，2 つ以上持っている者 14 名の計 70 名の日本人を対象に調査を行った。この他に，BMI が 21〜23 kg/m^2 で心血管代謝リスク因子を持たない者 24 名（正常群），肥満（BMI が 25〜27.5 kg/m^2）でメタボリックシンドロームを合併する者 14 名（肥満 MS 群）の測定も行った。その結果，BMI が 23〜25 kg/m^2 で心血管代謝リスク因子を持っていない人は，正常群と同等のインスリン感受性であったが，心血管代謝リスク因子を 1 つでも持っていると骨格筋のインスリン抵抗性を認め，そのレベルは肥満 MS 群と同等であった（**図 6-3**）。また，骨格筋インスリ

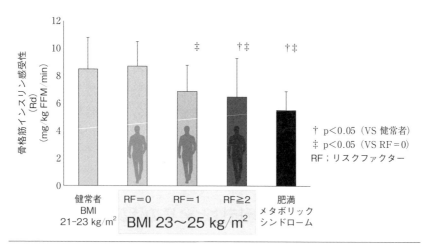

図 6-3　非肥満日本人男性ではリスクが 1 つ以上あると筋肉のインスリン抵抗性がある（Takeno K, et al.[4] より作図）

ン抵抗性は高脂肪食や運動不足，低アディポネクチン血症がその規定因子となっている可能性も示され，脂肪負荷感受性と重複した因子であったことより，これらの因子は臨床的に重要な役割を担っていることが示唆された[4]。

　また，非肥満男性では，脂肪肝があることは，内臓脂肪が溜まっていることよりも，強く筋肉のインスリン抵抗性と関連していることが明らかとなった[5]。具体的には，非肥満男性をコントロール群（54 名），内臓脂肪蓄積単独群（18 名），脂肪肝単独群（7 名），内臓脂肪蓄積＋脂肪肝群（8 名）の 4 群に分けて，インスリン感受性や臨床背景因子を比較したところ，内臓脂肪蓄積がなくても，脂肪肝があると脂肪組織と骨格筋のインスリン感受性の低下（インスリン抵抗性）を認め，これとは逆に内臓脂肪蓄積があっても脂肪肝がなければインスリン感受性は良好であること，内臓脂肪蓄積と脂肪肝が両方あっても，脂肪肝単独とインスリ

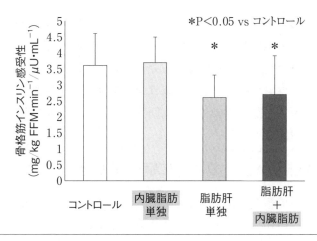

図6-4　**内臓脂肪で無く脂肪肝が筋インスリン抵抗性と関連する**
（Kadowaki S, et al.[5] より作図）

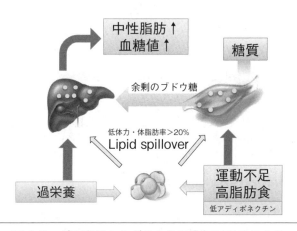

図6-5　**どの臓器からどのように病気になるのか？**
（Tamura Y, et al.[6] より作図）

ン抵抗性は同程度であることが明らかとなった（図6-4）[5]。脂肪肝と筋肉のインスリン抵抗性の因果関係については，不明の部分も多く残されているが，少なくとも，骨格筋にインスリン抵抗性があると，取り込まれるべきブドウ糖が筋肉に取り込まれなくなり，余剰の糖が肝臓に運ばれ，それが中性脂肪に合成され，脂肪肝になるというカスケードが考えられている（図6-5）。

3．どの臓器からどのように病気になるのか？

　前章と本章で紹介したような，非肥満者の結果から，まだ仮説レベルであるが，いつからどのようにして代謝的な病気になるのかが明らかになりつつある。具体的には，骨格筋は短期の高脂肪食や不活動，低アディポネクチン血症などで脂肪筋や骨格筋インスリン抵抗性を来しやすい。また，非肥満者でも体脂肪率の増加とともに脂肪組織からFFAが放出されるリピッドスピルオーバーを来す。これらのことが重なると，骨格筋のインスリン抵抗性が非肥満者でも生じ，糖質を上手く取り込めなくなり，余剰の糖が肝臓に流れ込み，脂肪肝の発生や高中性脂肪血症，血糖値の上昇に結びつく。恐らく，これらのどこに問題があるかは，個人間で異なり，それを考えることによって個別性のある疾患予防が検討できると考えられる。

4．2型糖尿病に対する運動の効果

（1）運動の慢性効果

　運動後には糖取り込みが増加してインスリン感受性が単回の運動後しばらく継続すると考えられているが，これらの効果は運動中が最も強く，1〜2日後には消失してしまう。しかし，運動を継続して行うことにより，骨格筋の質的な変化を起こし，その後運動を行っていない状態でも

インスリン感受性は亢進する。これらの効果は運動の慢性効果と考えられる。

我々は，2型糖尿病における食事，運動療法の細胞内脂質蓄積に対する意義について検討した。2週間の糖尿病教育入院となった2型糖尿病患者14名を食事療法単独または，食事＋運動療法により加療を行う2群に分け，入院前後に¹H-MRSによりIMCL，肝細胞内脂質（intrahepatic lipid；IHL）を定量評価し，同時に高インスリン正常血糖クランプに経口糖負荷を組み合わせて，末梢インスリン感受性，肝糖取り込み率を測定した[7]。介入による体重の変化は有意ではあるが，2%程度と両群とも軽度であった。空腹時のFFA濃度は介入により両群とも有意な変化は認めなかった。IHLは，両群ともにほぼ同等に約30%減少し，それに伴って肝糖取り込みは増加した（**図6-6**）。骨格筋に関しては，食事療法単独

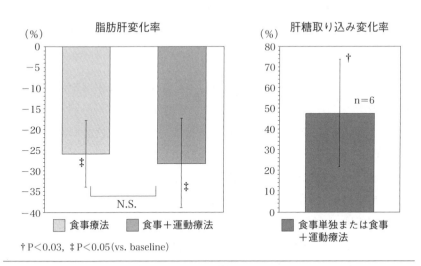

† P＜0.03, ‡ P＜0.05(vs. baseline)

図6-6　食事・運動療法による脂肪肝・肝糖取り込みの変化
（左のグラフ　Tamura Y, et al.[7] より引用）

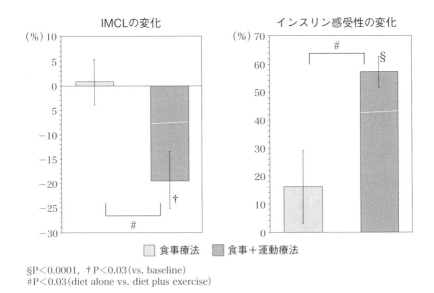

§P＜0.0001, †P＜0.03(vs. baseline)
#P＜0.03(diet alone vs. diet plus exercise)

図6-7　食事・運動療法による IMCL とインスリン感受性の変化
(Tamura Y, et al.[7] より引用)

ではIMCLと末梢インスリン感受性は有意に変化しなかったが，食事＋運動療法群ではIMCLが19%減少し，末梢インスリン感受性は57%増加した（**図6-7**）。IMCLの変化率はメモリー付き加速度計で測定した身体活動量の変化率は負の相関を認め，IMCL減少は運動により細胞内脂質が消費された結果であることが推察された（**図6-8**）。これらのことより，2型糖尿病における食事療法は主に肝臓の，運動療法は主に骨格筋における細胞内脂質量を減少させ，インスリン抵抗性を改善させることが考えられた。この時に増加した運動量は，平均で160キロカロリー程度であった。体重にもよるが，歩数にして3,000〜5,000歩程度である。このような運動でもたった2週間でIMCLを約20%も低下させうるこ

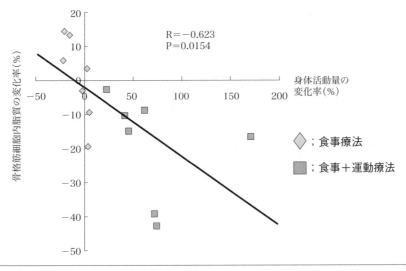

図6-8　身体活動変化量と IMCL の変化率の関係
（Tamura Y, et al.[7] より引用）

　とが明らかとなった。

　このように，我々の2型糖尿病への介入結果から，食事療法は体重減少がわずかであっても肝臓内の細胞内脂質を大幅に減少すると同時に，肝糖取り込みを改善することが示唆された。また，2型糖尿病において，運動療法は主に骨格筋の細胞内脂質を減少し，骨格筋のインスリン抵抗性を改善することが示唆された。

　これ以外にも長期的に運動を継続することにより，毛細血管密度の増加，糖輸送担体4の増加，骨格筋線維組成の変化なども生じることが知られており，運動の強度，実行した期間などにより運動の慢性効果は脂肪筋以外にも多様なメカニズムがあると考えられる[8]。

（2）運動の急性効果

　２型糖尿病患者において，１回の運動が血糖値を低下させうることを臨床上よく経験するが，この作用は運動の急性効果と呼ばれている。例えば，入院中の患者の血糖値を**図6-9**に示す。これは50歳台の２型糖尿病で様々な薬物治療を行っていたが血糖のコントロールが悪く，インスリンの導入も考えて入院した患者である。入院してベッドの上でじっとしていると，運動不足となり血糖値は朝から夕方に向けて増加したが，その翌日に朝食，昼食後に１時間程度の運動を行ったところ，夕方に向けて血糖値は大幅に低下した。この他にも Nelson らは，健常者，２型糖尿病患者において人工膵臓を用いて血糖値を管理しながら朝食後に安静にした場合と，食後30分から45分の運動（最大酸素摂取量の55%程度）を行った場合の血糖の変化を検討したが[9]，２型糖尿病では安静時に比較して，運動時には食後60分から95分までの血糖の降下を認めた。また，最近の研究では過体重から肥満で不活動の２型糖尿病に対する，30

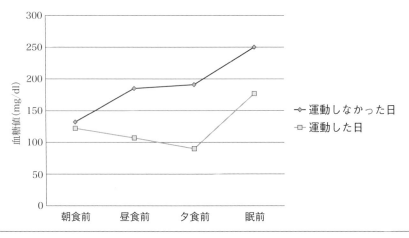

図6-9　運動による血糖値が改善した一例

分ごとの 3 分の軽い活動（時速 3.6km/h の歩行）か自重によるレジスタンス運動（ハーフスクワット，カーフレイズなど 1 種目 20 秒 × 9 セッション）は食後血糖を改善させる報告がなされている[10]。そのため，近年の米国糖尿病学会からのリコメンデーションでは血糖改善のため 30 分ごとに座位を打ち切り，軽い活動をするべき，とされている[11]。このような運動の急性効果は，骨格筋におけるインスリン非依存的作用によるところが大きいと考えられている。

5.　糖尿病の運動目標と患者のやる気

運動が血糖値を低下させるメカニズムはこれらのとおりであるが，実臨床では実際に患者が運動を行うように「行動変容」を促す必要がある。そのためには，以下のようなポイントに配慮して患者と話を進めることが大切である。

（1）患者の現状を知る

現在，患者の運動に対する興味，障害は何であろうか？　時間が無いことが問題であるのか，運動は大変そう……，と敷居が高くなっているのか？　患者の気持ちを聞くことは重要であり，医療者側はこれらの障害をいかにして取り除くのかを考えていかなければならない。

（2）適切な情報提供をする

（1）に関連して，医療者側は解決を図るための情報提供を行う。患者が新たな行動を起こすかどうかは，それから得られる利益と障害のバランスで決まる。利益は，例えば血糖値が低下することであり，障害の 1 つは時間が無い，運動はキツイからいやだ，などである。利益については，血糖値以外の効果も患者に伝えると効果が得られやすい。例えば，

現在糖尿病患者の死因の第1位はがんになったが，身体活動量が多い人では大腸がんを始めとしたいくつかのがんの発症リスクが低いことが知られている。患者にとって，何が運動を開始するモチベーションになるかに気を配りたい。また，目標量として，まずは1日あたり2,000歩程度（20分）の歩数を増やすことを勧めたい。実際の日本糖尿病学会のガイドラインでもそのような記載がなされるようになってきた[12]。この場合に意識的に動く「運動」と生活の中で動く「生活活動」の合計である「身体活動」を高めることが重要である。活動がどちらであっても，トータルの身体活動が増加するように意識する。例えば，ウォーキングやジョギングだけでなく，家事やガーデニングなど，普段の生活の中での活動も健康に寄与する。強度としては，息が切れるか切れないか，話しながらでも続けられる程度を指標とする。この程度の運動強度，量であっても血糖降下作用は十分期待できる。最終的には1日歩数として8,000から10,000歩あることが理想である。最近のデータでは，30分身体を動かそう，というよりは，3,000歩の歩数を増やそう，という指導の方が，有効性が高いことが明らかとなってきている[13]。

（3）患者に自己決定してもらう

　何かをやり始めたり続けていくには，自分でやろう，自己決定してもらうことが肝要である。「これをやってください」では，臨床上なかなか上手く行かない場合が多い。以上のような情報提供をして，患者が自らの意志で運動を開始，継続できるようにサポートする。

参考文献

1) Tamura Y, et al.：Short-term effects of dietary fat on intramyocellular lipid in sprinters and endurance runners. Metabolism 57：373-379, 2008.

2) Sakurai Y, et al.：Determinants of intramyocellular lipid accumulation after dietary fat loading in non-obese men. J Diabetes Invest 2：310-317, 2011.

3) Kakehi S, et al.：Increased intramyocellular lipid/impaired insulin sensitivity is associated with altered lipid metabolic genes in muscle of high responders to a high-fat diet. Am J Physiol Endocrinol Metab 310：E32-40, 2016.

4) Takeno K, et al.：Relation between insulin sensitivity and metabolic abnormalities in Japanese men with BMI of 23-25 kg/m^2. J Clin Endocrinol Metab 101：3676-3684, 2016.

5) Kadowaki S, et al.：Fatty Liver Has Stronger Association With Insulin Resistance Than Visceral Fat Accumulation in Nonobese Japanese Men. J Endocr Soc 20 (3)：1409-1416, 2019.

6) Tamura Y：Ectopic fat, insulin resistance and metabolic disease in non-obese Asians: investigating metabolic gradation. Endocr J 66 (1)：1-9, 2019.

7) Tamura Y, et al.：Effects of diet and exercise on muscle and liver intracellular lipid contents and insulin sensitivity in type 2 diabetic patients. J Clin Endocrinol Metab 90：3191-3196, 2005.

8) Ivy JL, et al.：Prevention and treatment of non-insulin-dependent diabetes mellitus. Exercise and sport sciences reviews 27：1-35, 1999.

9) Nelson JD, et al.：Metabolic response of normal man and insulin-infused diabetics to postprandial exercise. Am J Physiol 242：E309-316, 1982.

10) Dempsey PC, et al.：Benefits for Type 2 diabetes of interrupting prolonged sitting with brief bouts of light walking or simple resistance activities. Diabetes Care 39：964-972, 2016.

11) Colberg SR, et al.：Physical Activity/Exercise and Diabetes：A Position Statement of the American Diabetes Association. Diabetes Care 39：2065-2079, 2016.

12) 日本糖尿病学会編：糖尿病診療ガイドライン 2019. 南江堂, 2019.

13) Dasgupta K, et al.：Physician step prescription and monitoring to improve ARTERial health（SMARTER）：A randomized controlled trial in patients with type 2 diabetes and hypertension. Diabetes Obes Metab 19：695-704, 2017.

学習課題

・自分の普段の活動量を測定してみよう。
・どのような身体活動であれば取り組みやすいのか，考えてみよう。
・身体活動がどのようにインスリン抵抗性を改善させるのか，まとめてみよう。

7 | 運動と心血管疾患（1）

横山美帆

《目標＆ポイント》 心臓血管系の構造，代表的な心血管疾患の分類，原因，その病態について解説する。それらの疾患に関連する危険因子について理解する。それぞれの疾患における運動療法の位置付け，実情の問題点について解説する。動脈硬化を基盤として発症する虚血性心疾患は増加している。虚血性心疾患の予防，虚血性心疾患患者の心血管イベント再発予防は重要である。その二次予防における運動療法の意義，包括的疾病管理プログラムである心臓リハビリテーションについて解説する。

《キーワード》 虚血性心疾患，大動脈疾患，脳卒中，閉塞性動脈硬化症，危険因子，動脈硬化，心臓リハビリテーション

1. 心臓と大動脈の構造

（1）心臓の構造

　成人の心臓の重量は約 300 g であり，大きさは握りこぶし程度である。心臓は，左右，上下の 4 つの内腔を有し，右心房，左心房，右心室，左心室と呼ばれる（図 7-1）。右心房には上大静脈と下大静脈からの血液が流入し，左心房には肺静脈からの血液が流入する。4 つの内腔の出口には，血液が逆流しないための弁が存在する。右心房と右心室の間には三尖弁が，右心室と肺動脈の間には肺動脈弁が，左心房と左心室の間には僧帽弁が，左心室と大動脈の間には大動脈弁が存在する（図 7-1）。

108

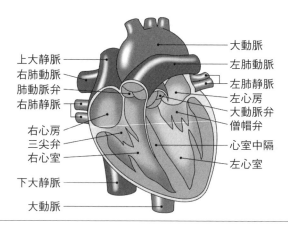

図 7-1 心臓の構造

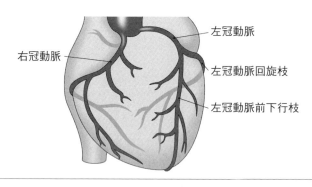

図 7-2 冠動脈

（2）冠動脈

　心臓は，その心筋収縮により全身に血液を送り続ける重要なポンプであり，その間断のない収縮のために，心筋自身にも酸素と栄養分を送り込んでいる。その血管が，"冠" のように心臓の表面を覆っている冠動脈

である（**図 7-2**）。左右の大動脈の起始部から，左冠動脈と右冠動脈が分岐する。左冠動脈は，前下行枝と回旋枝に分かれ，それぞれ左心室の前壁や心尖部と心室中隔，左心室の側壁を栄養する。右冠動脈は，左心室の後下壁や心室中隔の一部，右室を栄養する。

（3）大動脈の構造

動脈は，内膜，中膜，外膜の三層構造を有する。その血管内腔は一層の内皮細胞で覆われ，血液が円滑に流れている。この血管内皮細胞が何らかの刺激により障害が生じると，血栓が形成されやすくなり，また炎症性の細胞が侵入しやすくなり，動脈硬化の発症につながる。

左心室から駆出された血液は，大動脈弁を通過して，上行大動脈，弓部，下行大動脈，腹部大動脈，左右の総腸骨動脈，大腿動脈の順に流れる。胸部大動脈からは，右鎖骨下動脈と右総頸動脈に分岐する腕頭動脈，左総頸動脈，左鎖骨下動脈が順に分岐し，腹部大動脈からは，腹腔動脈，上腸間膜動脈，腎動脈，下腸間膜動脈が分岐する。さらに両側の総腸骨動脈に分かれ，外腸骨動脈と内腸骨動脈に分岐し，外腸骨動脈は，両下肢を栄養する大腿動脈となる（**図 7-3**）。

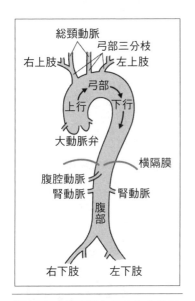

図 7-3　大動脈とその主な分枝
（公益財団法人循環器病研究振興財団発行「知っておきたい循環器病あれこれ」57 号，大動脈にこぶができたら　大動脈瘤・解離の診断と治療，荻野均より）

2. 代表的な心血管疾患とその病態

（1）虚血性心疾患

　虚血性心疾患とは，冠動脈の血流が不十分となるために生じる疾患の総称であり，心筋の酸素需要と心筋への酸素供給とのアンバランスが原因である。主な疾患には，通常数分以内の一時的な心筋の虚血状態が生じる狭心症と，心筋虚血が30分以上持続し非可逆的な心筋の壊死を伴う心筋梗塞がある（図7-4）。狭心症は冠動脈の狭窄や壊死を伴わない一過性の閉塞，心筋梗塞は冠動脈の一定時間以上の閉塞により生じ，共に動脈硬化が主な原因となる。

（2）心不全

　心不全とは，何らかの心臓機能障害，すなわち，心臓に器質的および/あるいは機能的異常が生じて心ポンプ機能の代償機転が破綻した結果，呼吸困難・倦怠感や浮腫が出現し，それに伴い運動耐容能が低下する臨床症候群と定義される。心腔内に血液を充満させ，それを駆出するという心臓の主機能の何らかの障害が生じた結果出現するため，心外膜や心筋，心内膜疾患，弁膜症，冠動脈疾患，大動脈疾患，不整脈，内分泌異

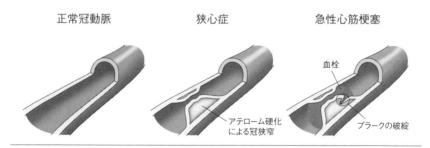

図 7-4　正常冠動脈，狭心症，急性心筋梗塞

常など，様々な要因により引き起こされるものである。急性心筋梗塞などによる急性心不全や長期にわたって持続する慢性心不全，主に左心室の障害により生じる左心不全や右心室の障害により生じる右心不全，それらの両者による両心不全など，種々の分類がある。近年，臨床的に左室機能の違いによって治療法や評価方法が変わることから，左室駆出率による心不全の分類が多用されている。

（3）大動脈疾患

　大動脈瘤は，大動脈壁の異常により大動脈の内腔が拡大した状態である。大動脈の内膜，中膜，外膜の三層構造からなる真性動脈瘤と，通常の動脈壁構造を欠く仮性動脈瘤に分類され，前者は動脈硬化が，後者は外傷や先天的な異常が主な原因である。また，その形態から紡錘状や嚢状にも分類される。

　大動脈解離は，大動脈壁が中膜で二層に剥離し，本来の大動脈腔である〝真腔〟と〝偽腔〟を形成する状態である。動脈硬化により脆弱な動脈壁に高血圧が関与して解離を生じることが主な原因であるが，マルファン症候群などで中膜の変性により生じる場合もある。

（4）閉塞性動脈硬化症

　閉塞性動脈硬化症は，動脈硬化により下肢の動脈が狭窄や閉塞を起こし，十分な血流が供給できない状態である。そのため，歩行時に足のしびれや痛み，冷感を生じる。さらに進行すると，安静時にも症状が出現する。いわゆる〝下肢の狭心症〟ともいわれる。

（5）脳血管疾患

　脳卒中とは，脳の虚血または出血により脳の神経細胞が一過性または

持続性に障害される状態である。脳動脈の閉塞または狭窄に伴って神経細胞に血液が十分に供給されなくなり神経細胞が障害される脳梗塞，脳血管の破綻により出血する脳出血，瘤状の脳動脈瘤が破裂するくも膜下出血，脳梗塞の症状が24時間以内に消失する一過性脳虚血発作，の4つに分類される。脳梗塞は，その原因によりラクナ梗塞，アテローム血栓性脳梗塞，心原性脳塞栓の3つの病型に分類される。

3. 心血管疾患の治療法：薬剤および外科治療

（1）虚血性心疾患

　急性心筋梗塞の初期治療は，鎮痛薬と酸素の投与，アスピリン，ヘパリン，β遮断薬，硝酸薬，アンジオテンシン変換酵素阻害薬，アンジオテンシンⅡ受容体拮抗薬等の薬剤投与であるが，いかに早期に閉塞部位を解除するかが重要なポイントである。そのため，カテーテルによるインターベンション治療が行われる（**図7-5**）。この治療は，経皮的冠動脈インターベンション（percutaneous coronary intervention：PCI）と呼ばれ，バルーンによる拡張法と，金属のステントを留置する方法とがある。

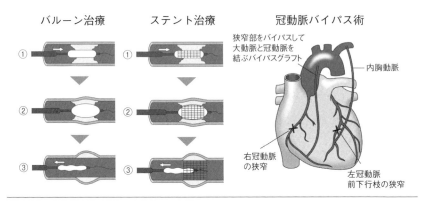

図 7-5　カテーテルインターベンション　冠動脈バイパス術

両者の治療の問題点の一つは，拡張後に再度狭窄を起こす〝再狭窄〟が，バルーンでは 30〜40％，ステントでは 20〜30％程度認められることである。2004 年に免疫抑制剤や抗癌剤を金属ステントに被覆した薬剤溶出性ステントが認可され，それ以降再狭窄は著しく減少した。

（2）心不全

　心不全の薬物治療は，左室駆出率の低下した心不全か，左室駆出率の保たれた心不全なのかに応じて選択する。左室駆出率の低下した心不全では，アンジオテンシン変換酵素阻害薬，アンジオテンシン II 受容体拮抗薬，ミネラルコルチコイド受容体拮抗薬，β 遮断薬，利尿薬が用いられる。一方で，左室駆出率の保たれた心不全に対する薬物療法として，死亡率や臨床イベント発生率の低下効果が明確に示されたものはない。近年，糖尿病治療薬であるナトリウム・グルコース共輸送体 2（SGLT2）阻害薬の心不全への効果が報告されており，新しい心不全治療薬として期待されている。心不全増悪に結びつく併存症に対する治療を行うことも重要な点である。ステージが進んだ重症の症例では，心臓再同期療法，左室形成術，補助人工心臓，心臓移植などが行われる。

（3）大動脈疾患

　大動脈瘤の治療は，その径が大きな場合や拡大のスピードが速い場合は手術の適応となる。これまでは開胸や開腹による人工血管置換術が行われていたが，金属のステントを人工血管で被覆したステントグラフトによるカテーテル治療も行われるようになった。

　大動脈解離の急性期治療は，疼痛の除去と降圧治療が重要である。上行大動脈に解離が及ぶ場合は，外科手術が原則である。

（4）閉塞性動脈硬化症

　閉塞性動脈硬化症の治療は，血栓を作らないための抗血小板薬や血管拡張薬等の薬物療法，バルーンや金属のステントを留置するカテーテル治療，人工血管や自分の静脈を用いたバイパス手術がある。

（5）脳血管疾患

　脳梗塞の急性期では，組織型プラスミノゲン・アクティベーター（tissue-type plasminogen activator：t-PA）による血栓溶解療法や，血栓を特殊なカテーテルを用いて摘出する血管内治療も行われる。脳出血に対しては，呼吸循環管理，血圧コントロール，脳圧を低下させる薬物治療が行われる。くも膜下出血の急性期は，鎮痛，血圧管理，脳の浮腫に対する薬物治療を行い，動脈瘤の部位にクリップをかけるクリッピング手術を行う。

4．動脈硬化の危険因子

　虚血性心疾患，大動脈疾患，閉塞性動脈硬化症の発症の主な原因は，動脈硬化である。動脈硬化の発症や進展には，加齢，肥満，高血圧，糖尿病，脂質異常症，喫煙，家族歴，身体活動の低下，ストレス等が深く関連し，これらは冠危険因子と呼ばれる（**表7-1**）。

　動脈硬化の発症や進展は次のように進行する（**図7-6**）。高血圧，高血糖，脂質異常などにより血管内皮細

表 7-1　動脈硬化の危険因子

1	加齢
2	肥満
3	高血圧
4	糖尿病
5	脂質異常症
6	喫煙
7	家族歴
8	身体活動の低下
9	ストレス

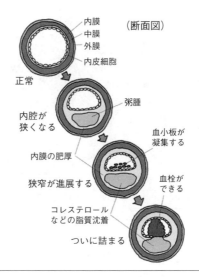

内膜
中膜
外膜
（断面図）
内皮細胞
正常
粥腫
内腔が
狭くなる
血小板が
凝集する
内膜の肥厚
狭窄が進展する
血栓が
できる
コレステロール
などの脂質沈着
ついに詰まる

図 7-6　動脈硬化の進行
（公益財団法人循環器病研究振興財団発行「知っておきたい循環器病あれこれ」21
号，動脈硬化　これだけは知っておきたい，由谷親夫より）

胞が障害され，その部分に血中の白血球が接着し血管内に侵入する。こ
れらの細胞は，酸化した脂質を取り込み，炎症を起こす。さらに炎症に
関連する細胞が集まり，プラーク（粥種）を形成し，血管内腔が狭くな
る。障害された血管内皮細胞に血小板が付着すると，さらに血管内腔の
狭窄が進行する。また，このプラークが，血圧の変化等の機械的なスト
レスや炎症により破綻すると，急性の血栓閉塞をきたし急性心筋梗塞の
原因となる。

　急性心筋梗塞，不安定狭心症，心臓性突然死は，急性冠症候群（acute
coronary syndrome：ACS）と呼ばれる。急性冠症候群の 3 分の 2 は，軟
らかい（不安定）プラークの破綻とそれに引き続く血栓形成による狭窄
および閉塞である（**図 7-7**）。急性冠症候群の患者では，他の冠動脈内に

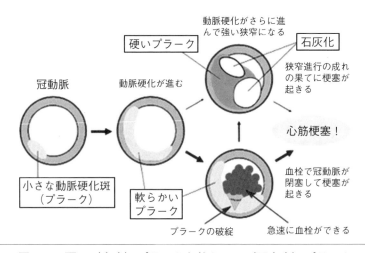

図 7-7　硬い（安定）プラークと軟らかい（不安定）プラーク
（公益財団法人循環器病研究振興財団発行「知っておきたい循環器病あれこれ」64
号，心臓病の新しい画像診断 CT と MRI，内藤博昭より）

も同様のプラークを有する。したがって，動脈硬化の発症や進展を予防
するためには，動脈硬化を全身性の血管病として捉え，全人的な予防と
治療が大切である。そのためには，生活習慣の改善を中心とした動脈硬
化の危険因子の是正が極めて重要である。

5. 運動療法の有用性と実情の問題点

　生活習慣の改善の中で，運動療法は中心的な役割を担っている。運動
療法は，運動耐容能の増加，筋力の増加，心機能の改善，血管拡張反応
の改善，呼吸機能の改善，自律神経機能の改善，抗炎症，冠危険因子の
是正，生活の質（Quality of Life：QOL）の改善，生命予後の改善等，多
くの有効性が明らかにされている（**表** 7-2）。慢性期の冠動脈疾患患者に
おける運動療法は，薬物治療やカテーテル治療に匹敵またはその効果を

表 7-2　運動療法の身体的効果

項目	内容	ランク
運動耐容能	最高酸素摂取量増加	A
	嫌気性代謝閾値増加	A
症状	心筋虚血閾値の上昇による狭心症発作の軽減	A
	同一労作時の心不全症状の軽減	A
呼吸	最大下同一負荷強度での換気量減少	A
心臓	最大下同一負荷強度での心拍数減少	A
	最大下同一負荷強度での心仕事量（心臓二重積）減少	A
	左室リモデリングの抑制	A
	左室収縮機能を増悪せず	A
	左室拡張機能改善	B
	心筋代謝改善	B
冠動脈	冠狭窄病変の進展抑制	A
	心筋灌流の改善	B
	冠動脈血管内皮依存性，非依存性拡張反応の改善	B
中心循環	最大動静脈酸素較差の増大	B
末梢循環	安静時，運動時の総末梢血管抵抗減少	B
	末梢動脈血管内皮機能の改善	B
炎症性指標	CRP，炎症性サイトカインの減少	B
骨格筋	ミトコンドリアの増加	B
	骨格筋酸化酵素活性の増大	B
	骨格筋毛細血管密度の増加	B
	II 型から I 型への筋線維型の変換	B
冠危険因子	収縮期血圧の低下	A
	HDL コレステロール増加，中性脂肪減少	A
	喫煙率減少	A
自律神経	交感神経緊張の低下	A
	副交換神経緊張亢進	B
	圧受容体反射感受性の改善	B
血液	血小板凝集能低下	B
	血液凝固能低下	B
予後	冠動脈性事故発生率の減少	A
	心不全増悪による入院の減少	A（CAD）
	生命予後の改善（全死亡，心臓死の減少）	A（CAD）

A：証拠が十分であるもの，B：報告の質は高いが報告数が十分でないもの，CAD：冠動脈疾患
（日本循環器学会「循環器病の診断と治療に関するガイドライン　心血管疾患におけるリハビリテーションに関するガイドライン」（2012 年改訂版）http://www.jacr.jp/pdf/JCS2012_nohara_d_2015.01.14.pdf〈2023 年 5 月〉より）

凌駕する効果が明らかにされている。

　しかし，運動療法の実践は，必ずしも十分とは言えないのが現状である。その理由として種々の要因が考えられる。医療従事者側の要因としては，担当医の運動療法に対する認識が十分でない，患者に十分な情報提供を行う時間的余裕がない，等が考えられる。患者側の要因としては，医療提供側と同様に運動療法に対する認識の不足，時間的制約，経済的側面等が考えられる。社会環境の要因としては，運動療法の重要性を啓蒙する社会的な働きかけが不十分，運動の実践の場所が十分に確保されていない，高額な治療法との医療経済的な比較を行うシステムが不十分である，等が考えられる。今後，これらの諸問題を解決する努力と働きかけが必要である。

　運動療法に対する取り組みだけではなく，身体活動を維持することの認識も重要である。すなわち，運動療法を行う特別な時間や場所を確保するのではなく，日常の生活での身体活動を維持することの理解も必要である。昨今の近代的な生活環境は，我々の身体活動の著しい低下をもたらした。さらに，新型コロナウイルス感染症（COVID 19）の拡大以降，中長期にわたりコロナ禍と向き合う中で，運動不足から身体的および精神的な健康を脅かす健康二次被害が懸念されている。例えば，積極的に階段を使用する，立っている時間を増やす，背筋を伸ばして座る，食事の際はよく咀嚼する，等の非運動性活動熱産生（Non-Exercise Activity Thermogenesis：NEAT）を増やす生活習慣の取り組みも大切である。

6. 包括的疾病管理プログラムとしての 心臓リハビリテーションとは

（1）心臓リハビリテーションとは

　心臓リハビリテーションとは，医学的な評価，運動処方，冠危険因子の是正，教育およびカウンセリングからなる長期にわたる包括的なプログラムである。このプログラムは，個々の患者の心血管疾患に基づく身体的や精神的影響を最小限にとどめ，心事故の再発リスクを軽減し，症状をコントロールし，動脈硬化の進行過程を安定化または退縮させ，心理社会的および職業的状況を改善することを目的とする。

　心臓リハビリテーションは，看護師，栄養士，理学療法士，健康運動指導士，臨床心理士，医師等によるチーム医療であり，それぞれが大切な役割を担っている（**図7-8**）。

　心臓リハビリテーションは，その実施時期により3つのphaseに分けられる。入院から離床，急性期の合併症を監視しながら日常生活活動域を拡大することを目標とする急性期（PhaseⅠ），退院，社会復帰を目標

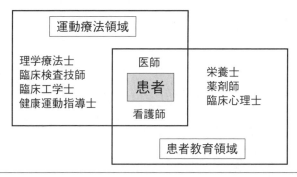

図7-8　心大血管リハビリテーションにおける各専門職種間の連携[4]

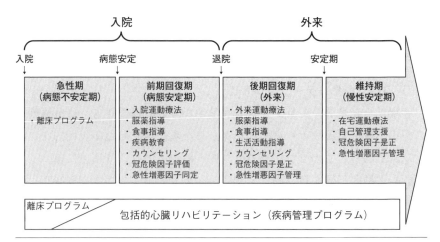

図 7-9　心臓リハビリテーションの時期的区分

(日本心臓リハビリテーション学会発行『心不全の心臓リハビリテーション標準プログラム（2017 年版)』より引用)

表 7-3　心臓リハビリテーションの適応疾患

1	急性心筋梗塞
2	狭心症
3	開心術後
4	大血管疾患
	大動脈解離
	大血管術後
	ステントグラフト内挿術後
5	慢性心不全
6	末梢動脈閉塞性疾患
7	経カテーテル大動脈弁留置術後

とする回復期（Phase Ⅱ），社会復帰以降，運動耐容能の維持，二次予防の継続を目的に生涯行われる維持期（Phase Ⅲ）に分類される（**図7-9**）。急性期〜回復期は退院の時期が含まれるため，この時期から患者教育を行うことが，退院後の生活の修正に重要である。

　現在，わが国での心臓リハビリテーションの適応疾患は，急性心筋梗塞，狭心症，開心術後，大血管疾患，慢性心不全，末梢動脈閉塞性疾患，経カテーテル大動脈弁留置術後である（**表7-3**）。その保険適応期間は150日とされているが，現在では，状態の改善が期待できると考えられる場合は 150 日を超えて継続できるようにもなった。

（2）心臓リハビリテーションの歴史的背景と変遷

　1950 年代の急性心筋梗塞の治療の中心は，数週間にも及ぶ安静であった。しかし，筋力や運動能力の低下，心拍数や血圧調節の障害，肺活量の低下などの様々な身体調整の異常，いわゆる脱調節（デコンディショニング）は，わずか半日の臥床によっても生じ，長時間になるほど心臓や全身に影響を及ぼすことが知られるようになった。そのため，1960年代後半から，大きな合併症のない症例では早期の離床が試みられるようになった。

　1980 年代以降，アスピリン，β 遮断薬，アンジオテンシン変換酵素阻害薬などによる薬物治療や心臓カテーテル治療の普及により，冠動脈疾患の急性期治療は大きく変化し，急性心筋梗塞患者の院内の死亡率は大きく減少した。この頃より，運動療法のみならず，食事療法を含めた生活習慣の改善，禁煙等患者教育，カウンセリングなどを含めた心臓リハビリテーションの重要性が認識されるようになった。

　1990 年代後半になると，急性期に冠動脈ステント留置術等の積極的な冠動脈の血行再建術が施行されるようになり，より早期の離床が可能と

なった。そのため，心筋梗塞の入院期間は以前平均 4 週間程度であった
ものが，最近では平均 1～2 週間となった。早期の離床や退院により，
最低限の日常生活への復帰を目的とした急性期リハビリテーションの期
間は短くなり，現在では回復期リハビリテーションの重要性が増してい
る。

（3）心臓リハビリテーションの効果

　心臓リハビリテーションの効果は多彩である。運動療法により運動耐
容能が増加し，自覚的症状も改善する。運動療法と食事療法を併用した
包括的リハビリテーションは，体重の減少，脂肪重量の減少，血圧の低
下，血中総コレステロールの低下，中性脂肪の低下，HDL コレステロー
ルの上昇，耐糖能の改善など，冠危険因子の改善作用を有する。また，
血液凝固能や血小板凝集能を改善し，血栓形成の抑制効果を有する。自
律神経系に対しては，運動により副交感神経活性を高め，交感神経活動
の抑制をもたらし，致死的な不整脈を抑制する。さらに，不安や抑うつ
症状に対する精神面の効果も有し，QOL が改善する。これらの複合的な
効果により，冠動脈硬化病変を安定化させ，不安定プラークの破綻を抑
制することも冠動脈イベント低下の要因と考えられる。実際に，包括的
心臓リハビリテーションは，心筋梗塞の再発を減少させ，心臓血管死亡
または全死亡を 20～25％減少させると報告されている。心血管疾患の患
者は，カテーテル治療や手術により症状や病態が軽快した後も，QOL を
維持し，心血管イベントの再発防止や合併症の予防のため，さらには健
康長寿の実現のためにも，包括的疾病管理プログラムとしての心臓リハ
ビリテーションは重要である。

参考文献

1) 東田俊彦：iMedicine 第 1 巻・1 循環器．リブロサイエンス．2008.
2) 稲田英一編集：月刊ナーシング 2008 年 10 月増刊号　呼吸・循環イラストレイテッド．学研．2008.
3) 野出孝一編集：新 目で見る循環器病シリーズ 18　冠危険因子．メディカルビュー社．2006.
4) NPO 法人ジャパンハートクラブ，濱本紘，野原隆司監修：心臓リハビリテーション 昨日・今日・明日．最新医学社．2007.
5) 日本循環器学会/日本心臓リハビリテーション学会合同ガイドライン：2021 年改訂版 心血管疾患におけるリハビリテーションに関するガイドライン．2022.
6) 日本心臓リハビリテーション学会：心不全の心臓リハビリテーション標準プログラム（2017 年版）．

学習課題

・心臓の構造について確認してみよう。
・虚血性心疾患の種類と治療についてまとめてみよう。
・冠危険因子について調べてみよう。
・心臓リハビリテーションの適応となる疾患を確認してみよう。
・運動療法の効果についてまとめてみよう。

8 | 運動と心血管疾患 (2)

横山美帆

《目標＆ポイント》 心不全患者は増加している。心不全の原因と病態を理解する。心肺運動負荷試験の特徴とその意義，心不全に対する運動処方，運動療法の効果について解説する。さらに，心不全に対する心臓リハビリテーションの実際，レジスタンストレーニングの有効性について解説する。
《キーワード》 心不全，エネルギー供給，運動処方，心肺運動負荷試験，心臓リハビリテーション，レジスタンストレーニング

1. 心不全とは

(1) 心不全とは

　心不全とは，何らかの心臓機能障害，すなわち，心臓に器質的および/あるいは機能的異常が生じて心ポンプ機能の代償機転が破綻した結果，呼吸困難・倦怠感や浮腫が出現し，それに伴い運動耐容能が低下する臨床症候群と定義される。病期による分類として急性心不全と慢性心不全，障害の部位による分類として主に左心室の障害により生じる左心不全と右心室の障害により生じる右心不全，それらの両者による両心不全，心筋障害の機序として収縮機能が低下することに心不全を生じる収縮不全，拡張期に血液を心室にスムーズに送り込めない拡張不全，両者による混合型など，様々な分類がある（**表8-1**）。心不全患者のほぼ半数が左室収縮機能は正常で，左心室の収縮低下のみが心不全の原因とは限らないことに留意しなくてはいけない。この割合は年齢群によっても異なり，高齢者の心不全の半数は，収縮力が保たれているにもかかわらず，左心室

表 8-1　心不全の分類

病期による分類	急性心不全　慢性心不全		
障害の部位による分類	左心不全	右心不全	両心不全
障害の機序による分類	収縮不全	拡張不全	混合型

が硬くて広がりにくいために，心不全症状を呈する「拡張機能不全」というタイプの心不全であることが報告されている。心臓へ血液が戻る力が弱くなっているため，うっ血が起こり，むくみなどの症状が起こりやすいといった特徴があり，「収縮機能が保たれた心不全」（heart failure with preserved ejection fraction：HFpEF）と定義される。このタイプの心不全は，「収縮機能の低下した心不全」（heart failure with reduced ejection fraction：HFrEF)」と同じように予後が悪いということが疫学調査から明らかになっており，収縮機能が正常だからといって，油断はできない。

（2）心不全の原因

　心不全は，虚血性心疾患，弁膜症，高血圧性心疾患，心筋症，心筋炎，

表 8-2　心不全の主な原因

虚血性心疾患
　　急性心筋梗塞
　　陳旧性心筋梗塞
弁膜症
高血圧性心疾患
心筋症
　　肥大型心筋症
　　拡張型心筋症
　　不整脈原性右室心筋症
心筋炎
先天性心疾患
内分泌性
　　甲状腺機能異常
　　糖尿病
栄養障害
　　ビタミン B1 欠乏（脚気心）
薬剤
　　β 遮断薬
　　抗不整脈薬
　　抗癌剤
化学物質
　　アルコール
不整脈
　　頻脈性
　　徐脈性

126

先天性心疾患，不整脈など様々な心疾患が原因となる。また，甲状腺機能異常や糖尿病などの内分泌疾患，栄養障害，薬物や化学物質等もその原因となる（表8-2）。大きく分けると①心筋の異常，②血行動態の異常，③不整脈の3つとなる。わが国で行われた慢性心不全に対する疫学研究（JCARE-CARD）では，左室駆出率の低下した心不全の基礎心疾患は虚血性心疾患が，左室駆出率の保たれた心不全の基礎心疾患は高血圧性心疾患が最多であった。

（3）心不全の症状

心不全の症状は，労作時の息切れ，呼吸困難，全身倦怠感，易疲労感，手足の冷感，浮腫，さらに重症になると夜間の咳や発作的な呼吸困難や起坐呼吸，急性の高度な肺のうっ血では，肺の毛細血管の障害により血痰や喀血を認める。自覚症状の程度によるNYHA（New York Heart Association）分類は，心不全の重症度把握や治療効果の判定，予後予測に有用である（表8-3）。実際には，日常的な身体活動で疲労，動悸，呼

表8-3　NYHA（New York Heart Association）の分類

Ⅰ度	心疾患はあるが身体活動に制限はない。日常的な身体活動では著しい疲労，動悸，呼吸困難あるいは狭心痛を生じない。
Ⅱ度	軽度の身体活動の制限がある。安静時には無症状。日常的な身体活動で疲労，動悸，呼吸困難あるいは狭心痛を生じる。
Ⅲ度	高度の身体活動の制限がある。安静時には無症状。日常的な身体活動以下の労作で疲労，動悸，呼吸困難あるいは狭心痛を生じる。
Ⅳ度	心疾患のためいかなる身体活動も制限される。心不全症状や狭心痛が安静時にも存在する。わずかな労作でこれらの症状は増悪する。

吸困難等を生じるⅡ度，日常的な身体活動以下の軽い労作で疲労，動悸，呼吸困難等を生じるⅢ度が多い。

（4）心不全の診断

　心不全の診断は，自覚症状，頸静脈の怒張，胸部の聴診所見，胸部 X線写真での心拡大や肺うっ血所見，血液検査所見，心臓超音波検査により行う。特に，血漿脳性ナトリウム利尿ペプチド（brain natriuretic peptide：BNP）値や N 末端プロ脳性ナトリウム利尿ペプチド（N-terminal pro-brain natriuretic peptide：NT-proBNP）の測定は，心不全診療の補助手段として有用である。

（5）心不全の治療

　急性心不全の治療における初期対応は，救命と血行動態の安定を目的とする。すなわち，①呼吸管理：上半身を起こした座位（半座位）での安静と酸素投与と，②利尿剤，血管拡張剤，鎮静効果と血管拡張作用を有する塩酸モルヒネ，血管拡張作用と利尿作用を有する心房性ナトリウム利尿ペプチド，ホスフォジエステラーゼ阻害薬，カテコラミン製剤などを中心とした迅速な薬物治療である。また，重症例には適切な呼吸管理が必要となる。心不全の病態把握とリスク評価の分類法として，Nohria-Stevenson 分類があり，うっ血指標の有無，臓器低灌流の有無の患者の臨床所見より 4 群に分類され，病態に応じて治療指針を決定する。
　慢性心不全の治療には，左室駆出率に応じた薬物療法（第 7 章「運動と心血管疾患 (1)」を参照のこと），うっ血症状をとる治療，基礎心疾患に対する治療の他，重症の症例では，心臓再同期療法，左室形成術，補助人工心臓，心臓移植などが行われる。また，運動療法，塩分や水分の過剰摂取を控え，過労を避ける等の生活習慣に対する取り組みを含めた

包括的心臓リハビリテーションの導入も重要である。

2. 心不全に対する運動療法

（1）無酸素運動と有酸素運動

　循環器系や呼吸代謝系など，すべての生命機能維持にはエネルギーが必要である。そのエネルギー供給に関与するのはアデノシン三リン酸（adenosine triphosphate：ATP）である。エネルギーは，このATPがアデノシン二リン酸（adenosine diphosphate：ADP）と無機リン酸（Pi）に分解される際に得られる。ADPからATPの再合成には，無酸素性（anaerobic）と有酸素性（aerobic）があり，無酸素性の経路にはATP-CP系と解糖系の2つがある。

　①ATP-CP系（非乳酸性）：クレアチンリン酸（phosphocreatine）がクレアチンとPiに分解する際のエネルギーによってADPからATPを再合成する。

　②解糖系（乳酸系）：糖質であるグルコースやグリコーゲンを無酸素的に分解したときにATPと乳酸が産生される。

　③有酸素系：糖質や脂肪酸の β 酸化によりアセチルCoAを生成し，ミトコンドリア内で酸素を消費し酸化的リン酸化によりATPを合成する。

　運動療法は，これらのエネルギー供給の面から大きく無酸素運動と有酸素運動に分類できる。有酸素系の代謝は，単位時間あたりに再合成されるエネルギー量は少ないが，酸素供給が持続すればATP再合成が持続するので，長時間の運動を持続できる。

（2）心筋代謝

　心筋は，ミトコンドリアが非常に多く存在し，必要とするエネルギー

の大部分を供給している。実際に，健常な人の安静状態では，心臓における ATP の約 9 割がミトコンドリアの好気性酸化的リン酸化により供給される。主なエネルギー産生の基質は，長鎖脂肪酸で ATP 産生の 6〜7 割を占める。心筋における ATP 産生と消費は，バランスよく制御されていることが重要である。しかし，脂肪酸代謝では多量の酸素を必要とするため，酸素供給が不十分な環境の ATP 産生は糖質中心に移行する。

（3）運動処方

　心疾患患者，特に心不全患者に運動療法を行う際には，FITT-VP，すなわち運動の頻度（frequency），強度（intensity），時間（time），種類（type），運動量（volume），漸増/改訂（progression/revision）を考慮した運動処方が必要である。心不全の心筋では，ATP 産生と消費のバランスが変化している。心不全患者における過度の運動強度は，乳酸の増加によるアシドーシスやカテコラミンの増加により，心機能の悪化，不整脈や心不全の増悪，臓器の障害につながるため，運動療法を行う際は有酸素運動が適している。そのためには，有酸素運動の上限で運動を行うことが大切である。NYHA 分類は，心不全における運動耐容能の評価において感度が低い。

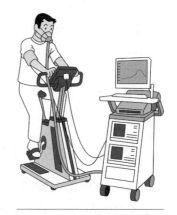

図 8-1　心肺運動負荷試験
(cardiopulmonary exercise testing：CPX)

　運動耐容能を定量的に評価する標準的方法は，自転車エルゴメータやトレッドミルを用いた心肺運動負荷試験（cardiopulmonary exercise testing：CPX）である（**図 8-1**）。心肺運動負荷試験は，有酸素運動の上限である嫌気性代

130

謝 閾 値（anaerobic threshold：AT）や運動耐容能の指標である最大酸素摂取量を評価することができるため，心拍数や運動強度を含めた詳細な運動処方を作成することができる。

心肺運動負荷試験を用いない場合の運動処方は，Karvonen法「目標心拍数＝（最大心拍数－安静時心拍数）×k＋安静時心拍数，k＝0.3〜0.5」などの心拍数を用いた処方や，Borg指数（**表8-4**）を用いた自覚的強度による処方等を利用する。

表8-4 自覚的運動強度（Borg指数，Ratings of Perceived Exertion：RPE）

指数	自覚的運動強度
20	
19	非常にきつい（very very hard）
18	
17	かなりきつい（very hard）
16	
15	きつい（hard）
14	
13	ややきつい（somewhat hard）
12	
11	楽である（fairly light）
10	
9	かなり楽である（very light）
8	
7	非常に楽である（very very light）
6	

Borg指数では，11〜13の〝楽である〟から〝ややきつい〟程度が嫌気性代謝閾値レベルでの自覚的強度である。

3. 心不全に対する心臓リハビリテーション

（1）心不全患者の運動を制限する要因

心不全患者では，様々な運動制限因子を有する。これらは，労作時の息切れや倦怠感とも関連し，運動耐容能が低下している。

①心臓：心拍出量の減少，拡張能の低下

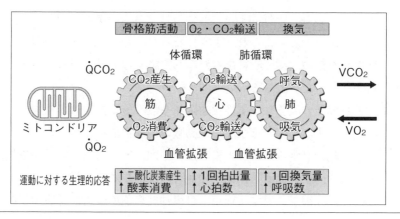

図 8-2　Wasserman の歯車（Wasserman K, et al.：Principles of Exercise Testing and Interpretation. Lea & Febiger：1987.）

②肺：換気亢進，呼吸筋の疲労，肺毛細血管圧の上昇，化学受容体の感受性亢進

③循環：貧血

④骨格筋：筋量減少，筋力低下

　これらの病態を理解するためには，Wasserman の歯車が有用である（図 8-2）。呼吸器系，循環器系，骨格筋の３つの歯車がスムーズに噛み合い回転することにより，生体の各組織におけるガス交換が円滑に行われ，恒常性を維持できる。すなわち，心不全における運動制限因子を正確に把握し有効な介入を行うためには，酸素と二酸化炭素の交換系，酸素と二酸化炭素の輸送系，それらの代謝系の一連の応答連関を総合的に把握することが必要である。

（2）心不全に対する心臓リハビリテーションの効果

　1980 年代までの心不全に対する治療は，安静が第一と考えられてい

た。1990年代以降，慢性心不全に対する日常生活の過度の制限は，必ずしも妥当ではないと考えられるようになった。むしろ，適切な運動療法は，慢性心不全の病態の改善をもたらし，様々な有効性をもたらすことが明らかとなった（**表8-5**）。

①運動耐容能の改善：嫌気性代謝閾値や最大酸素摂取量の増加

②心臓に対する効果：拡張能や冠動脈の内皮機能を改善

③末梢組織に対する効果：骨格筋量の増加，筋力増加，呼吸筋機能改善，血管内皮機能改善，血中の血管内皮前駆細胞の増加

④神経体液性因子に対する作用：自律神経機能の改善，呼吸中枢の感受性改善，BNP低下

⑤抗炎症作用：C反応性蛋白（CRP）や炎症性サイトカインの低下

⑥QOLの改善

⑦予後改善作用：心不全の再入院率の減少，無事故生存率改善，総死亡率の低下

これらの慢性心不全に対する運動療法は，性別，虚血性か非虚血性か，β遮断薬投与の有無，左室機能，NYHA Ⅱ度かⅢ度かに関わらず有効である。また，拡張不全や左室駆出率25％未満の高度心機能低下例においても，運動療

表8-5　心不全に対する運動療法の効果

1	運動耐容能の改善
2	心臓 　　左室機能の改善 　　冠動脈内皮機能の改善 　　左室リモデリングの抑制
3	末梢組織 　　骨格筋量の増加 　　筋力の増加 　　呼吸筋機能の改善 　　血管内皮機能の改善
4	神経体液性因子 　　自律神経機能の改善 　　換気応答の改善 　　BNP低下
5	抗炎症作用
6	QOLの改善
7	予後の改善

法は運動耐容能を改善させる。国内外のガイドラインにおいても，慢性心不全に対する運動療法は，Class I の推奨である。わが国では，2006年4月から慢性心不全が，心臓リハビリテーションの適応疾患に保険収載された。

（3）心不全に対する運動処方の実際

　心不全に対する運動療法を開始する際には，安定期でコントロールされた心不全であることを確認する必要がある。具体的には，少なくとも過去3日間で呼吸困難や易疲労性など心不全の自覚症状の悪化がないこと，浮腫や肺うっ血などの身体所見の悪化がないこと，その他運動療法の際の禁忌事項の有無（**表8-6**）を確認する。

　運動の種類として，一般的には歩行やエルゴメータなどの有酸素運動が推奨されるが，筋力の低下している症例では低強度のレジスタンス運動を併用することにより運動耐容能の改善が期待できる（**表8-7**）。運動強度決定に際しては，開始初期は自覚症状や身体所見を確認しながら，徐々に漸増する。また，自覚症状と運動耐容能データのみではなく，心機能や血中 BNP 値，投薬内容などの心不全重症度や臨床背景を考慮に入れることが重要である。運動時間も，開始初期は5〜10分程度から徐々に時間を漸増する。頻度は，重症例では週3回からとし，安定期に入れば週5回まで可能である。左室駆出率が平均25％の中等症〜重症心不全の運動療法において，プログラムからの脱落原因となった心イベント（心不全悪化，低血圧，不整脈）の予測因子として，左室拡大（拡張末期径65 mm 以上），BNP 高値，運動耐容能低下，運動時換気亢進，デバイス装着後があげられている。経過中には，心拍数，血圧や心電図モニタリングを行い，定期的な運動処方の見直しが必要である。

　最近では，運動期と休息期を1サイクルとして交互に繰り返すイン

表8-6 心不全患者で運動療法が禁忌となる病態・症状

絶対禁忌	1. 過去3日以内における自覚症状の増悪 2. 不安定狭心症または閾値の低い心筋虚血 3. 手術適応のある重症弁膜症，特に症候性大動脈弁狭窄症 4. 重症の左室流出路狭窄 5. 血行動態異常の原因となるコントロール不良の不整脈（心室細動，持続性心室頻拍） 6. 活動性の心筋炎，心膜炎，心内膜炎 7. 急性全身性疾患または発熱 8. 運動療法が禁忌となるその他の疾患（急性大動脈解離，中等度以上の大動脈瘤，重症高血圧，血栓性静脈炎，2週間以内の塞栓症，重篤な他臓器障害など）
相対禁忌	1. NYHA 心機能分類 Ⅳ度 2. 過去1週間以内における自覚症状増悪や体重の2kg以上の増加 3. 中等症の左室流出路狭窄 4. 血行動態が保持された心拍数コントロール不良の頻脈性または徐脈性不整脈（非持続性心室頻拍，頻脈性心房細動，頻脈性心房粗動など） 5. 高度房室ブロック 6. 運動による自覚症状の悪化（疲労，めまい，発汗多量，呼吸困難など）

注)) ここに示す「運動療法」とは，運動耐容能改善や筋力改善を目的として十分な運動強度を負荷した有酸素運動やレジスタンストレーニングを指す。
(日本循環器学会/日本心臓リハビリテーション学会. 2021年改訂版心血管疾患におけるリハビリテーションに関するガイドライン.
https://www.j-circ.or.jp/cms/wp-content/uploads/2021/03/JCS2021_Makita.pdf.
〈2023年9月閲覧〉)

ターバルトレーニングや，下肢骨格筋の神経筋電気刺激，吸気筋トレーニングを取り入れている施設もあり，個々の症例に適した運動療法のプログラムを行うことが，効果的な心臓リハビリテーションを実践するために重要である。

表 8-7　慢性心不全患者に対する運動プログラム

構　成	運動前のウォームアップと運動後のクールダウンを含み，有酸素運動とレジスタンス運動から構成される運動プログラム
有酸素運動	【心肺運動負荷試験の結果に基づき有酸素運動の頻度，強度，持続時間，様式を処方し，実施する】 ・様式：歩行，自転車エルゴメータ，トレッドミルなど ・頻度：週 3〜5 回（重症例では週 3 回程度） ・強度：最高酸素摂取量の 40〜60%，心拍数予備能の 30〜50%，最高心拍数の 50〜70%，または嫌気性代謝閾値の心拍数 　→ 2〜3 ヵ月以上心不全の増悪がなく安定していて，上記の強度の運動療法を安全に実施できる低リスク患者においては，監視下で，より高強度の処方も考慮する（例：最高酸素摂取量の 60〜80% 相当，または高強度インターバルトレーニングなど） ・持続時間：5〜10 分 × 1 日 2 回程度から開始し，20〜30 分/日へ徐々に増加させる。心不全の増悪に注意する。 【心肺運動負荷試験が実施できない場合】 ・強度：Borg 指数 11〜13，心拍数が安静座位時 +20〜30/min 程度でかつ運動時の心拍数が 120/min 以下 ・様式，頻度，持続時間は心肺運動負荷試験の結果に基づいて運動処方する場合と同じ
レジスタンストレーニング	・様式：ゴムバンド，足首や手首への重錘，ダンベル，フリーウェイト，ウェイトマシンなど ・頻度：2〜3 回/週 ・強度：低強度から中強度 　上肢運動は 1 RM の 30〜40%　下肢運動では 50〜60%　1 セット 10〜15 回反復できる負荷量で，Borg 指数 13 以下 ・持続時間：10〜15 回を 1〜3 セット
運動負荷量が過大であることを示唆する指標	・体液量貯留を疑う 3 日間（直ちに対応）および 7 日間（監視強化）で 2 kg 以上の体重増加 ・運動強度の漸増にもかかわらず収縮期血圧が 20 mmHg 以上低下し，末梢冷感などの末梢循環不良の症状や徴候を伴う ・同一運動強度での胸部自覚症状の増悪 ・同一運動強度での 10/min 以上の心拍数上昇または 2 段階以上の Borg 指数の上昇 ・経皮的動脈血酸素飽和度が 90% 未満へ低下，または安静時から 5% 以上の低下 ・心電図上，新たな不整脈の出現や 1 mm 以上の ST 低下
注意事項	・原則として開始初期は監視型，安定期では監視型と非監視型（在宅運動療法）との併用とする ・経過中は常に自覚症状，体重，血中 BNP または NT-proBNP の変化に留意する ・定期的に症候限界性運動負荷試験などを実施して運動耐容能を評価し，運動処方を見直す ・運動に影響する併存疾患（整形疾患，末梢動脈疾患，脳血管・神経疾患，肺疾患，腎疾患，精神疾患など）の新規出現の有無，治療内容の変更の有無を確認する

（日本循環器学会/日本心臓リハビリテーション学会．2021 年改訂版心血管疾患におけるリハビリテーションに関するガイドライン．
https://www.j-circ.or.jp/cms/wp-content/uploads/2021/03/JCS2021_Makita.pdf.
〈2023 年 9 月閲覧〉）

4. レジスタンストレーニング

　骨格筋量と最大酸素摂取量とは，強い正の相関関係を認める。骨格筋量の増加は，筋力の増加とも関連し，除脂肪体重の減少や基礎代謝の増加などの効果も期待できる。そのため，心臓リハビリテーションにおけるレジスタンストレーニング（筋力トレーニング）も重要である。

　筋にかかる負荷の種類は，ダンベルなどの重量物を用いたもの，ゴムやバネなどの弾力を利用したもの，空気圧や油圧を利用したもの，自分の体重を利用したものなど，種々の方法がある。また，筋の収縮様式として，筋の長さが変化しない静的収縮と長さが変化する動的収縮が，さらに動的収縮には，短縮性収縮と伸張性収縮がある。静的トレーニング（動かない壁を押す，胸の前で両手をあわせて押し合う，中腰の姿勢を保つ，等）は，特別な器具を必要とせず手軽であり，安全性も高いため，高齢者や心不全患者にも適している。したがって，心不全患者においても，禁忌がなければ心臓リハビリテーション開始1ヶ月程度から軽度のレジスタンストレーニングを実施することは有用である。負荷量の設定には，1回反復できる最大重量（1 repetition maximum：1 RM）を求めて，上肢では1 RM の30～40%，下肢では1 RM の50～60%の負荷に設定するのが一般的であるが，心不全患者では，10～15回反復が可能な負荷量（10～15 RM）で，8～15回を1～3セット繰り返す。

5. 疾病管理プログラム

　心不全の治療は，生涯にわたる継続が必要である。多職種による患者教育，指導，カウンセリングを退院後も継続することにより，再入院率の低下，QOL の改善，医療費の節減ができるとのエビデンスが蓄積されている。したがって，急性期の心不全クリニカルパスから回復期心臓リ

ハビリテーション，慢性安定期の在宅での管理プログラムまでを繋ぐ，
切れ目のない心不全疾患管理プログラムを構築することが大切である。

参考文献

1) 東田俊彦：iMedicine. 1 循環器. リブロサイエンス. 2008.
2) Tracey Greenwood ら著　後藤太一郎監訳：ワークブックで学ぶ生物学の基礎 第 2 版. オーム社. 2011.
3) 稲田英一編集：月刊ナーシング 2008 年 10 月増刊号　呼吸・循環イラストレイテッド. 学研. 2008.
4) NPO 法人ジャパンハートクラブ，濱本紘，野原隆司監修：心臓リハビリテーション 昨日・今日・明日. 最新医学社. 2007.
5) 日本循環器学会/日本心不全学会ガイドライン：2021 年 JCS/JHFS ガイドライン フォーカスアップデート版 急性・慢性心不全診療. 2021.
6) 日本循環器学会/日本心臓リハビリテーション学会合同ガイドライン：2021 年改訂版 心血管疾患におけるリハビリテーションに関するガイドライン. 2022.
7) 後藤葉一編集：包括的心臓リハビリテーション. 南江堂. 2022.

学習課題

・心不全の定義について確認してみよう。
・心不全の分類についてまとめてみよう。
・心不全の治療について調べてみよう。
・無酸素性と有酸素性の ATP 産生についてまとめてみよう。
・心肺運動負荷試験について確認してみよう。
・Wasserman の歯車について確認してみよう。
・心不全に対する運動療法の効果について考えてみよう。
・レジスタンストレーニングについて確認してみよう。

9 | 運動と運動器疾患（1）
―ロコモティブシンドローム―

石島旨章

《目標＆ポイント》　超長寿社会となり，平均寿命のみならず健康寿命の延伸が課題となっている。本邦の健康寿命の定義である介護保険を要する原因となる病気の第1位は，かつては脳出血や脳梗塞などの脳血管の病気（脳血管疾患）であった。しかし，近年これが骨や軟骨や神経が関係する関節や脊椎など「運動器」の病気（運動器疾患）となっている。これは，現在多くの高齢者では，運動器疾患のために，加齢に伴い立つそして歩くといった移動機能に障害を抱えることが健康寿命に大きく影響していることを示している。したがって，運動器の病気に対して適切な治療を行うことは重要である。さらに，より早期に診断し治療することや，発症しないための努力も重要となる。超長寿社会における健康寿命の延伸の実現に向けて，ロコモティブシンドローム（ロコモ）という定義は，運動器の病気の治療のみならず，早期発見や早期治療，さらには予防に取り組むことを目的に行動するために考案された。
《キーワード》　健康寿命，運動器，ロコモティブシンドローム，ロコモ度，ロコトレ，骨粗鬆症，変形性膝関節症，脊柱管狭窄症

1. 健康寿命と運動器疾患

　日本人の平均寿命は戦後着実に伸びており，2022年に発表された平均寿命は，男性81.47歳，女性87.57歳となっている（図9-1）[1]。このような長寿社会では，男性の約25％，女性の約50％が，90歳を迎えることができる（図9-2）[2]。そして今後さらに平均寿命は伸長し，将来推計では，2065年には男性で85.0歳，女性で91.4歳に到達すると予測され

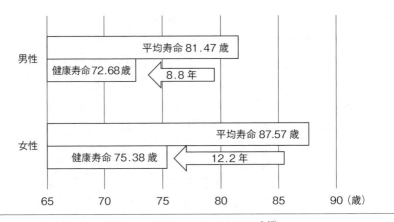

図 9-1　平均寿命と健康寿命[1, 12]

ている[3]。

　長寿化に高齢化を伴い 65 歳以上の高齢者が総人口に占める割合が 21％を超え（令和 2（2020）年 28.6％），超高齢社会となった現代日本においては，平均寿命とともに「健康寿命」の延伸が課題となっている。健康寿命を，健康上の問題がなく日常生活を送れる状態とすると，本邦では介護を要するまでの期間で定義するが，平均寿命と健康寿命の間には男性で約 9 年，女性で約 12 年の差がある（**図 9-1**）。

　長寿化に伴い，骨や軟骨や神経といった「運動器」の病気（運動器疾患）がわれわれの日々の生活に与える影響が大きいことが明らかになってきた。高齢者では介護保険を要する割合が徐々に増加していく。その総数の原因として認知症や脳血管疾患が上位を占めるが，介護を要する入り口としての要支援を要した原因には，関節疾患や骨折・転倒といった運動器疾患が第 1 位となっている（**表 9-1**）[4]。

　運動器疾患を患った場合，立つそして歩くという移動能力が障害される。これにより，日常生活が健康上の問題で障害されることになる。数

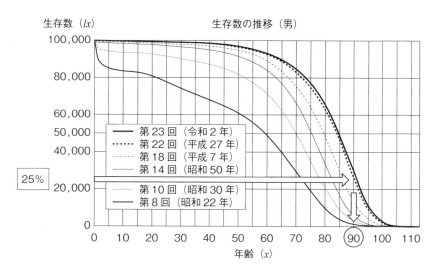

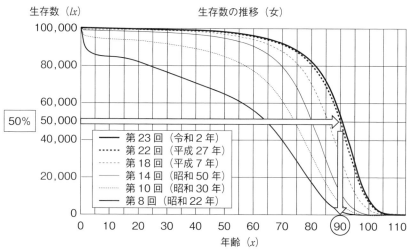

図9-2　日本人の生存率[2)]

男性の約25%，女性の約50%が90歳を迎えることができる。

表9-1　**要介護別にみた介護が必要となった主な原因（上位3位）**[4]

要介護度	第1位		第2位		第3位	
総数	認知症	17.6	脳血管疾患 （脳卒中）	16.1	高齢による 衰弱	12.8
要支援1	関節疾患	20.3	高齢による 衰弱	17.9	骨折・転倒	13.5
要支援2	関節疾患	17.5	骨折・転倒	14.9	高齢による 衰弱	14.4
要介護1	認知症	29.8	脳血管疾患 （脳卒中）	14.5	高齢による 衰弱	13.7
要介護2	認知症	18.7	脳血管疾患 （脳卒中）	17.8	骨折・転倒	13.5
要介護3	認知症	27.0	脳血管疾患 （脳卒中）	24.1	骨折・転倒	12.1
要介護4	脳血管疾患 （脳卒中）	23.6	認知症	20.2	骨折・転倒	15.1
要介護5	脳血管疾患 （脳卒中）	24.7	認知症	24.0	高齢による 転倒	8.9

（単位：％）

多く存在する運動器疾患の中でも，高齢者の日常生活を障害するのは以下の3つが原因となることが多い。その一つは，手首（橈骨遠位端）や肩（上腕骨近位端）そして背骨（脊椎）や脚の付け根の骨（大腿骨近位部）などの骨折である（**図9-3**）。その中でも，脊椎と大腿骨近位部の骨折は，高齢者の移動能力を著しく障害することが明らかとなっている。これらは骨粗鬆症を伴った閉経後女性に発生しやすい傾向があり，骨粗鬆症性脆弱性骨折という。

高齢者の移動能力を著しく障害する代表的な運動器疾患の2つ目は，

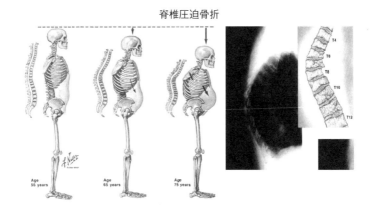

脊椎圧迫骨折

大腿骨近位部骨折　上腕骨近位端骨折　橈骨遠位端骨折

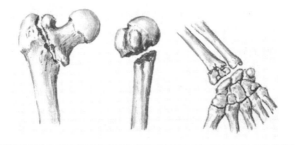

図 9-3　骨粗鬆症に伴って発生しやすい骨折（脆弱性骨折）[13]

歩行の際に膝の痛みや股関節の痛みが生じることによって歩行障害を招く病気である。これらは，膝関節や股関節の構成成分が傷んでいくことによって発生する変形性関節症であり，膝関節に発生するものを変形性膝関節症，股関節に発生するものを変形性股関節症という。特に，変形性膝関節症は，高齢者の歩行障害を招く代表的な病気である（**図 9-4**）。

　そしてもう一つの高齢者の移動能力を障害する運動器疾患は，変形性関節症と同様に，椎間板という軟骨と似た構成を持つ組織が障害される

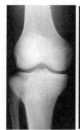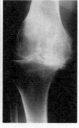

右膝立位単純レントゲン像
左：正常，右：末期変形性膝関節症

図 9-4　変形性膝関節症

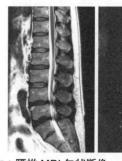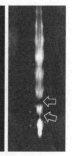

左：腰椎 MRI 矢状断像
右：腰椎 MRI ミエログラフィー像
矢印：変性した椎間板と肥厚した黄
　　　色靭帯による脊柱管の狭窄

図 9-5　腰部脊柱管狭窄症

変形性脊椎症である。変形性脊椎症に脊椎にある靭帯の肥厚などが加わ
ると，神経が通る管（脊柱管）が狭窄され，連続して長い時間歩くこと
ができなくなる脊柱管狭窄症を発症する（**図 9-5**）。

　近年本邦で行われた大規模疫学研究により，これらの運動器疾患の罹
患患者数が明らかとなってきた。骨粗鬆症は，閉経を契機に発生数が増
加することから，男性に比べ女性に多く認められる病気である。そして
女性が閉経を迎える 50 歳以降に発生数が増加し，60 歳代女性の 2 割，
70 歳代の 4 割，80 歳を迎えると 6 割以上の女性が骨粗鬆症と診断され
ると推定されている（**図 9-6**）[5]。変形性膝関節症も 50 歳過ぎると罹患
した患者数（罹患患者数）が増加する。女性が男性よりも罹患者数が多
いのも骨粗鬆症と同様の傾向であり，60 歳代の女性の約半数，70 歳代
女性の 7 割，そして 80 歳代女性では約 8 割，男性でも約半数が変形性
膝関節症を有すると推定されている（**図 9-7**）[5]。一方，腰椎に発生する
変形性脊椎症である変形性腰椎症は，前者 2 つとは異なり男性の罹患患

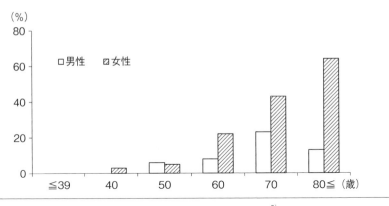

図 9-6　骨粗鬆症の年代別有病率[5]

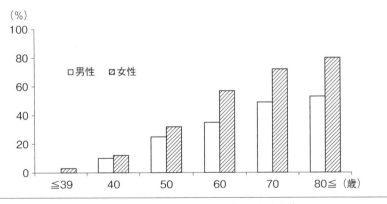

図 9-7　変形性膝関節症の年代別有病率[5]

者数が女性のそれを超える。こちらも罹患率が，60 歳代男性では約 7 割，70 歳代男性では約 8 割にものぼる（**図 9-8**）[5]。

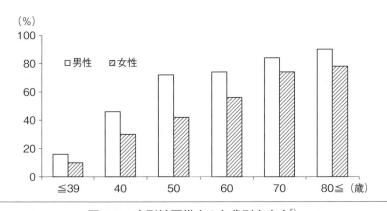

図 9-8　変形性腰椎症の年代別有病率[5]

2. ロコモティブシンドローム

（1）ロコモティブシンドロームとは

　超長寿社会となった我が国では，運動器の障害は 50 歳以降に急増し，上記のように 70 歳を超えると高齢者の大部分が何らかの運動器疾患を患っていることが明らかとなってきた。我が国の長寿化並びに高齢化は今後も進行していくと推定されており，要介護者の軽減の観点からも，運動器障害にも治療のみならず予防の考え方を導入することは重要であるという認識が高まってきた。さらに，上記の骨粗鬆症や変形性膝関節症，そして変形性腰椎症もしくは腰部脊柱管狭窄症を，高齢者ではどれか 1 つに罹患するのみならず，2 つもしくは 3 つすべてを合併することも明らかとなっている（**図 9-9**）。

　そこで 2007 年日本整形外科学会では，要介護の予防の立場から運動器疾患を横断的に捉えることを行い，その早期からの対処と予防の対策を行うため，運動器の脆弱化を包括的に表す概念として，ロコモティブ

	合計	男性	女性
いずれかひとつ	4,700	2,100	2,600
2つ	2,470	990	1,480
3つすべて	540	110	430

(万人)

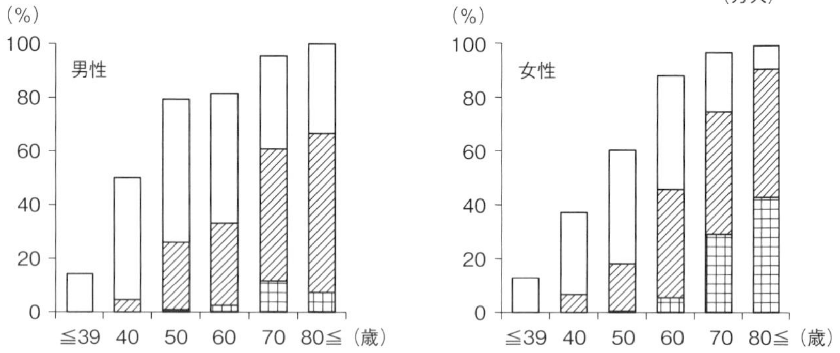

図9-9　骨粗鬆症，変形性膝関節症，変形性腰椎症の年代別有病率とその合併の割合[5]

シンドローム（通称，ロコモ）を提唱し，移動機能の低下をきたし，進行すると介護が必要になるリスクが高い状態と定義した[6]（図9-10）。運動器の障害とは，加齢に伴う運動機能の低下や運動器疾患を意味する。ロコモの進行に影響を与える要因は，加齢や遺伝的素因に加え，運動習慣の欠如や身体活動性の低い生活習慣そして不適切な栄養摂取がある。これらの影響因子は可変的であり，この可変因子を早めに改善し向上させることがロコモ対策の中心となるものであり，国民に啓発すべき点になる[7]。

（2）ロコモ度テスト

運動器の衰えは自覚がなく進む。したがって，ロコモの予防を考えた

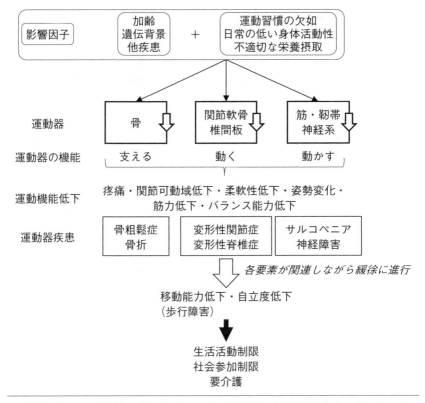

図 9-10 ロコモティブシンドロームの概念図 （石橋英明[7] をもとに作成）

場合，高齢者のみならず，壮年期や青年期，そして若年層にまで運動器の機能維持もしくは改善に意識を持ってもらうことが重要となる。そこで，誰もが比較的簡単かつ安全に実施でき，加齢に伴う移動機能低下を検出できるような方法を用いてロコモの有無を識別できる方法を設定することが重要となる。この観点から，2種類の運動器の機能検査法とこれと同等の識別機能を有する質問票からなるロコモ度テストが設定されている。

①立ち上がりテスト

　片脚または両脚で 10・20・30・40 cm の高さの台から立ち上がれるか
を調べる。これは，体重に対する下肢筋力の割合と相関し，垂直方向へ
の移動を調べるものである（図9-11）。なお，両脚より片脚，より低い
高さの台から立ち上がれる方が良い成績となるよう設定されている。

・準　備
　使用機器：立ち上がり台

・手　順
　①両脚で 40 cm 台から立ち上がりを測定する。両腕を組むようにして
　　両手は肩にあて，反動をつけずに立ち上がってもらい，その後 3 秒
　　程度立位が保持できた場合「可能」とあると判定する。
　②両脚 40 cm の立ち上がりが可能であれば，一方の脚で 40 cm 台から
　　片脚で立つことが可能か否かを確認する。
　③次にもう一方の脚で 40 cm 台からの片脚立ち上がりを行う。両方の
　　脚で成功すれば，「片脚 40 cm 可能」と判定する。
　④-1（片脚 40 cm 可能な場合）
　　片脚立ち上がり 30 cm⇒20 cm⇒10 cm と，できなくなるまで行う。
　　両方の脚で行い，両方とも成功すれば，「その高さから片脚立ち上が
　　り可能」と判定する。
　④-2（片脚 40 cm 不可能な場合）
　　両脚立ち上がり 30 cm⇒20 cm⇒10 cm とできなくなるまで行う。

・判　定：④はそれぞれ 1 回測定し，最も成功した一番低い高さを記載
　　　　　する。

・注　意：
　✓滑りにくい靴を履く，もしくは裸足で行う
　✓移動時の転倒や低い台への着座の際に尻餅をつかないよう注意する

1　立ち上がりテスト（下肢筋力をしらべる）

このテストでは下肢筋力を測ります。片脚または両脚で座った姿勢から立ち上がれるかによってロコモ度を判定します。下肢筋力が弱まると移動機能が低下するため、立ち上がるのに困難がある場合はロコモの可能性があります。

立ち上がりテストの方法

台は40cm、30cm、20cm、10cmの4種類の高さがあり、両脚または片脚で行います。

注意すること
・無理をしないよう、気をつけましょう。
・テスト中、膝に痛みが起こりそうな場合は中止してください。
・反動をつけると、後方に転倒する恐れがあります。

参考：村永信吾：昭和医学会誌 2001;61(3):362-367.

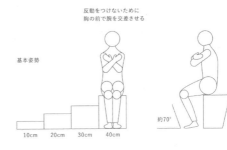

両脚の場合

まず40cmの台に両腕を組んで腰かけます。このとき両脚は肩幅くらいに広げ、床に対して脛（すね）がおよそ70度（40cmの台の場合）になるようにして、反動をつけずに立ち上がり、そのまま3秒間保持します。

片脚の場合

40cmの台から両脚で立ち上がれたら、片脚でテストをします。基本姿勢に戻り、左右どちらかの脚を上げます。このとき上げた方の脚の膝は軽く曲げます。反動をつけずに立ち上がり、そのまま3秒間保持してください。

図 9-11　ロコモ度テスト：立ち上がりテスト[14]

✓膝に痛みがある場合，痛みの少ない方から行う
✓いきなり実施すると太ももを痛めることがあるため，何度か両足で立ち上がりを行ってから進める

② 2 ステップテスト

　バランスを崩さない範囲でできるだけ大股で 2 歩歩き，その距離を身長で割って算出する。このテストは歩行速度とよく相関し，水平方向への移動機能を調べるものである（**図 9-12**）。

2　2ステップテスト（歩幅をしらべる）

このテストでは歩幅からロコモ度を測定します。
歩幅をしらべることで、下肢の筋力・バランス能力・柔軟性などを含めた歩行能力を総合的に評価します。

2ステップテストの方法

1. スタートラインを決め、両足のつま先を合わせます。
2. できる限り大股で2歩歩き、両足を揃えます。
　（バランスを崩した場合は失敗とし、やり直します。）
3. 2歩分の歩幅（最初に立ったラインから、
　着地点のつま先まで）を測ります。
4. 2回行って、良かったほうの記録を採用します。
5. 次の計算式で2ステップ値を算出します。

注意すること

・介助者のもとで行いましょう。
・滑りにくい床で行いましょう。
・準備運動をしてから行いましょう。
・バランスを崩さない範囲で行いましょう。
・ジャンプしてはいけません。

参考：村永信吾　他：昭和医学会誌,2003:63(3):301-308

2歩幅 (cm) ÷ 身長 (cm)
= 2ステップ値

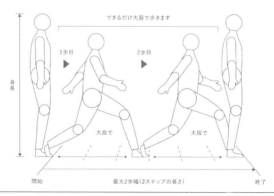

図 9-12　ロコモ度テスト：2 ステップテスト[14]

・準　備

　使用機器：2ステップシート，または床にメジャーを貼る

・手　順

　①両足のつま先をスタートラインに合わせて立ってもらう。

　②「できる限り大股で2歩歩いて，両脚で足を揃えて止まる」ように
　　指示する。その際，ジャンプはしてはいけない，バランスを崩した
　　ら再度測定する，ことを説明する。

　③デモ（2ステップ値が1.4程度）を行う。

　④最大2歩幅をつま先から着地点のつま先までを測定する。

　⑤停止時にバランスを崩した場合は失敗とし，もう一度測定する。

　⑥測定は2回行う。

・判　定：2回測定し，1cm単位で記録する。2ステップ値（最大2歩
　　　　　値÷身長）を計算する。

③ロコモ25

　身体状態や生活状況の自覚的指標。運動器に関する25項目からなる
質問票に答え，その当てはまる程度によって1項目につき0点から4点
のいずれかを選び，25項目の総和を算出する（**表9-2**）。点数が高いほど
運動器のことで不自由を自覚していることになる。

（3）ロコモ度

　予防医学の観点から，上記ロコモ度テストを用いて，年齢に依らずロ
コモの程度を判別しその予防や悪化の防止を図ることを目的に，2015年
に「ロコモ度」としてロコモの定義（臨床判断値）が設定された。そし
て2020年にはロコモがどの程度進行することで投薬や手術などの医療
が必要となり，医療によってロコモがどのように改善するかを検証し，
ロコモとフレイルの関係性を研究した成果をもとに「ロコモ度3」が追

表 9-2　ロコモ度テスト：ロコモ 25[14]

この 1 カ月の身体の痛みなどについてお聞きします。					
Q1	頚・肩・腕・手のどこかに痛み（しびれも含む）がありますか。	痛くない	少し痛い	中程度痛い	かなり痛い	ひどく痛い
Q2	背中・腰・お尻のどこかに痛みがありますか。	痛くない	少し痛い	中程度痛い	かなり痛い	ひどく痛い
Q3	下肢（脚のつけね，太もも，膝，ふくらはぎ，すね，足首，足）のどこかに痛み（しびれも含む）がありますか。	痛くない	少し痛い	中程度痛い	かなり痛い	ひどく痛い
Q4	ふだんの生活で身体を動かすのはどの程度つらいと感じますか。	つらくない	少しつらい	中程度つらい	かなりつらい	ひどくつらい
この 1 カ月のふだんの生活についてお聞きします。					
Q5	ベッドや寝床から起きたり，横になったりするのはどの程度困難ですか。	困難でない	少し困難	中程度困難	かなり困難	ひどく困難
Q6	腰掛けから立ち上がるのはどの程度困難ですか。	困難でない	少し困難	中程度困難	かなり困難	ひどく困難
Q7	家の中を歩くのはどの程度困難ですか。	困難でない	少し困難	中程度困難	かなり困難	ひどく困難
Q8	シャツを着たり脱いだりするのはどの程度困難ですか。	困難でない	少し困難	中程度困難	かなり困難	ひどく困難
Q9	ズボンやパンツを着たり脱いだりするのはどの程度困難ですか。	困難でない	少し困難	中程度困難	かなり困難	ひどく困難
Q10	トイレで用足しをするのはどの程度困難ですか。	困難でない	少し困難	中程度困難	かなり困難	ひどく困難
Q11	お風呂で身体を洗うのはどの程度困難ですか。	困難でない	少し困難	中程度困難	かなり困難	ひどく困難
Q12	階段の昇り降りはどの程度困難ですか。	困難でない	少し困難	中程度困難	かなり困難	ひどく困難
Q13	急ぎ足で歩くのはどの程度困難ですか。	困難でない	少し困難	中程度困難	かなり困難	ひどく困難

Q14	外に出かけるとき，身だしなみを整えるのはどの程度困難ですか。	困難でない	少し困難	中程度困難	かなり困難	ひどく困難
Q15	休まずにどれくらい歩き続けることができますか（もっとも近いものを選んでください）。	2〜3km以上	1km程度	300m程度	100m程度	10m程度
Q16	隣・近所に外出するのはどの程度困難ですか。	困難でない	少し困難	中程度困難	かなり困難	ひどく困難
Q17	2kg程度の買い物（1リットルの牛乳パック2個程度）をして持ち帰ることはどの程度困難ですか。	困難でない	少し困難	中程度困難	かなり困難	ひどく困難
Q18	電車やバスを利用して外出するのはどの程度困難ですか。	困難でない	少し困難	中程度困難	かなり困難	ひどく困難
Q19	家の軽い仕事（食事の準備や後始末，簡単なかたづけなど）は，どの程度困難ですか。	困難でない	少し困難	中程度困難	かなり困難	ひどく困難
Q20	家のやや重い仕事（掃除機の使用，ふとんの上げ下ろしなど）は，どの程度困難ですか。	困難でない	少し困難	中程度困難	かなり困難	ひどく困難
Q21	スポーツや踊り（ジョギング，水泳，ゲートボール，ダンスなど）は，どの程度困難ですか。	困難でない	少し困難	中程度困難	かなり困難	ひどく困難
Q22	親しい人や友人とのおつき合いを控えていますか。	控えていない	少し控えている	中程度控えている	かなり控えている	全く控えている
Q23	地域での活動やイベント，行事への参加を控えていますか。	控えていない	少し控えている	中程度控えている	かなり控えている	全く控えている
Q24	家の中で転ぶのではないかと不安ですか。	不安はない	少し不安	中程度不安	かなり不安	ひどく不安
Q25	先行き歩けなくなるのではないかと不安ですか。	不安はない	少し不安	中程度不安	かなり不安	ひどく不安
回答数を記入してください →		0点＝	1点＝	2点＝	3点＝	4点＝
回答結果を加算してください →			合計			点

表9-3　ロコモ度[14)]

	ロコモ度1	ロコモ度2	ロコモ度3
①立ち上がりテスト	どちらか一方の脚で40 cmの台から立ち上がれないが，両脚で20 cmの台から立ち上がれる	両脚で20 cmの台から立ち上がれないが，30 cmの台から立ち上がれる	両脚で30 cmの台から立ち上がれない
②2ステップテスト	1.1以上1.3未満	0.9以上1.1未満	0.9未満
③ロコモ25	7点以上16点未満	16点以上24点未満	24点以上
進行状況	移動機能の低下が始まっている状態	移動機能の低下が進行している状態	移動機能の低下が進行し，社会参加に支障をきたしている状態
推奨	筋力やバランス力が落ちてきているので，ロコトレ（ロコモーショントレーニング）をはじめとする運動を習慣づける必要がある。	自立した生活ができなくなるリスクが高くなっている。特に痛みを伴う場合は，何らかの運動器疾患を発症している可能性もあるので，整形外科専門医の受診を勧める。	自立した生活ができなくなるリスクが非常に高くなっている。何らかの運動器疾患の治療が必要になっている可能性があるので，整形外科専門医による診療を勧める。

加で制定された。

　「ロコモ度」は，ロコモ度1とロコモ度2そしてロコモ度3の3段階がある（**表9-3**）。ロコモ度1はロコモの始まりであり，ロコモ度テストにおいて，立ち上がりテストで片脚40 cmの台から立ち上がれないが両脚で20 cmの台から立ち上がれる，2ステップテストが1.1以上1.3未満，ロコモ25が7点以上16点未満，のいずれか1つに該当したものである。ロコモ度2は移動機能低下が進行した状態であり，ロコモ度テス

図 9-13　ロコモ度測定の進め方[14]

トにおいて，立ち上がりテストで両脚 20 cm の台から立ち上がれないが，30 cm の台から立ち上がれる，2 ステップテストが 0.9 以上 1.1 未満，ロコモ 25 が 16 点以上 24 点未満，のいずれか 1 つに該当したものである。ロコモ度 3 は移動機能の低下が進行し，社会参加に支障をきたしている状態であり，ロコモ度テストにおいて，立ち上がりテストで両脚 30 cm の台から立ち上がれない，2 ステップテストが 0.9 未満，ロコモ 25 が 24 点以上，のいずれか 1 つに該当したものである（**図 9-13**）。

　2018 年から日本整形外科学会プロジェクトとして「ロコモ度テストの年代別標準値の策定」を目的とした調査研究，通称「ロコモ度テスト 10000 人調査」，が行われた[8]。立ち上がりテスト（**図 9-14**），2 ステップテスト（**図 9-15**），ロコモ 25（**図 9-16**）による世代別のロコモ度は，

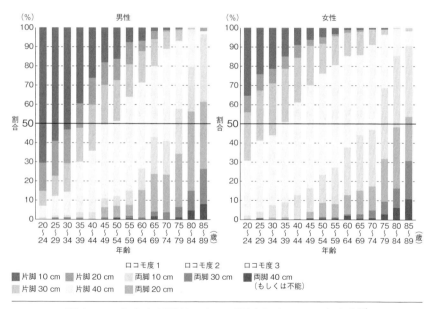

図 9-14　立ち上がりテストにて測定したロコモ有病率[14]

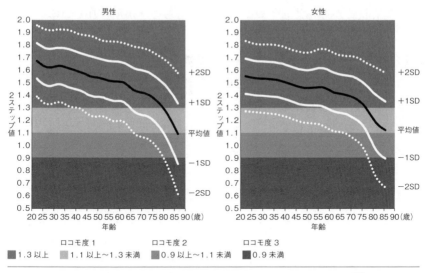

図 9-15　2 ステップテストにて測定したロコモ有病率[14]

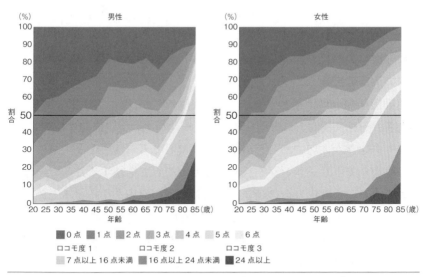

図 9-16　ロコモ 25 にて測定したロコモ有病率[14]

いずれも世代が進むことでロコモ度が高まることが示されている。

（4）ロコモーショントレーニング（ロコトレ）

　ロコモの予防や改善には，運動習慣の獲得，適切な栄養摂取，活動性の高い生活，運動器疾患に対する評価と治療の4点が重要である[7]。その中で，運動習慣としては，あらゆる運動が有用であるが，本稿ではロコモ予防の中心的な運動であるロコモーショントレーニング（ロコトレ）を説明する。

　ロコトレは，運動機能向上を目的としたロコモ改善のトレーニングとして推奨されている。ロコトレは，ロコモ予備軍およびロコモに相当する人々が，上記の課題を克服し，安全に継続できる運動トレーニングを提供するために開発された。ロコトレの目的は，ロコモ予防のための歩行機能改善，転倒予防，骨折予防をすることである。ロコモまたはロコモ予備軍と診断されロコトレを必要とする人の多くは，中高年者である。したがって，ロコトレは①足腰の筋力強化，②バランス力の向上，③膝関節や腰への負担の軽いことの3点を満たす必要がある。

①ロコトレの意義

　運動機能向上には運動トレーニングが有効であるという報告は多い。高齢者の運動機能向上に有効な運動トレーニングの実現に向けた課題は，トレーニングが大切であると高齢者に理解してもらうことと，痛みなどの障害がなくトレーニングを行えること，そして継続することである[6]。ロコモを予防し健康寿命の延長，特に運動器の健康を維持するためのトレーニングがロコトレである。ロコトレは，「安定して立つ」ためのトレーニングが主体となっている。トレーニングはその原則に従い，過負荷を避け漸進性に進めていく。さらにこれを日常に取り入れ，持続的に行うことが必要である。1つの関節のみを鍛えるのではなく，全身性の

運動が重要と考え，また，各疾患の重症度に配慮し，個別に弱点を克服する努力も必要である。そして何のためにトレーニングを行っているのかの意識を持つように努めることも，運動の継続には重要である。

　ロコトレを行う高齢者では，歩行機能の程度，つまりロコモの程度が個人個人異なる。さらに高齢者では，すでに運動器の障害を抱える人も多く存在する。変形性膝関節症による膝痛や，変形性脊椎症や腰部脊柱管狭窄症に伴う腰痛や下肢痛などを合併している人も多い。ロコトレは，そういった高齢者にも安全に実施可能であり有効性も示されている。しかし，過度の負荷により各疾患の症状悪化や，新たに疾患を発症する可能性もあり，十分に管理されたもとでの実施が求められる。ロコトレを開始する前または疼痛を感じたときには，整形外科に受診しメディカルチェックを受けることが推奨されている。

②ロコトレの実際

　ロコトレとして，下記①および②の2つの運動が推奨されている（図9-17）。

①片脚立ち

　高齢者でリスクの高い転倒と大腿骨近位部骨折の予防法として提唱された，開眼したまま片脚立ちすることで立つためのバランス能力をつける訓練である。片脚ずつ交互に床につかないように片脚を上げ，片脚1分間ずつ1日3回施行する。姿勢はまっすぐにして行う。

　運動器障害の程度による変更として，施行時は転倒に注意し，バランスの悪い人や高齢の人は机や平行棒につかまりながら行う。

②スクワット

　スクワットは，大腿四頭筋，大殿筋，ハムストリング，前脛骨筋など下肢のほとんどの筋を動員して行う運動であるため，筋力強化を簡

バランス能力をつけるロコトレ
1 片脚立ち

左右とも1分間で1セット、1日3セット

1.
転倒しないように、必ずつかま
るものがある場所に立ちます。

2.
床につかない程度に、
片脚を上げます。

姿勢を
まっすぐにする

POINT
・支えが必要な人は十分
注意して、机に手や指
先をついて行います。

下肢の筋力をつけるロコトレ
2 スクワット

5~6回で1セット、1日3セット

1.
足を肩幅に広げて
立ちます。

2.
お尻を後ろに引くように、2～
3秒間かけてゆっくりと膝を曲
げ、ゆっくり元に戻ります。

スクワットができない場合
イスに腰かけ、机に手をついて立ち座りの動作を繰り返し
ます。机に手をつかずにできる場合はかざして行います。

膝がつま先より
前に出ない

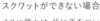

POINT
・動作中は息を止めないようにします。
・膝の曲がりは90度を大きく超えない
ようにします。
・支えが必要な人は十分注意して、机
に手をついて行います。
・楽にできる人は回数やセット数を増
やして行っても構いません。

図 9-17 ロコトレ[14]

便に短時間に行うには適切な方法である。また，骨粗鬆症や大腿骨近
位部骨折に対する転倒および骨折予防に重要なトレーニング法であ
る。肩幅より少し広めに足を広げて立ち，つま先は30度くらいに開
き，椅子に腰かける要領で身体をしずめるように施行させる。膝の曲
りは90度以上にならないように，また膝頭とつま先の軸が同方向を向

くように，膝がつま先より前に出ないように行う。動作中は呼吸を止めないようにし，大腿部前・後面の筋肉に力が入っていることを意識する。深呼吸するようなゆっくりとしたスピードで5から6回ほどつづけ，朝昼晩1日3回行う。

　バランスの悪い人は，転倒を予防するため，机や平行棒につかまり，場合によっては椅子や台をおいてそれに腰かけるような形で行う。

　なお，一般的に推奨されている上記の方法は，足腰が弱っていても外出が自由にできる人を対象としている。ロコモとなっている場合，その重症度，具体的には，[1]歩行に杖やシルバーカーなどが必要である，[2]杖や伝い歩きなどで室内の移動を行う，[3]室内の移動も困難であるが椅子に座ることはできる，といった運動器の障害程度に応じて，実施できるような工夫がされている。それは，上記のように，片脚立ちであれば，両手を机など安定したものに手をついて実施することが該当する。さらに，両手をつくことから，片手や指など支えを減少させることで，運動機能の改善程度に合わせて変更できるようにもなっている。同様に，スクワットでも机などの安定したものに手をついて実施すること，そして立てない場合には，机に両手をついて腰を浮かせるだけでも実施できるようになっている。

　③腰や膝が気になる人のためのトレーニング

　ロコトレによる「安定して立つ」トレーニングができるようになれば，上記2つのトレーニングに加え，積極的に全身を使う様々なトレーニングも導入可能である。ヒールレイズやフロントランジをはじめ，ストレッチ，関節の可動域訓練，ラジオ体操，太極拳，ウォーキング，バランスボードなど，訓練は多岐にわたる。また，高齢者では

腰や膝が気になる人に

腰や膝の痛み対策には、こんな体操を！ 痛みが強い場合は、医療機関に相談して行いましょう。

 ### 腰痛体操

それぞれの運動を10回で1セット、1日3セット

1. 背筋運動

うつぶせに寝て、おなかの下に枕を挟みます。背中に力を入れ、上半身を10cm程度、ゆっくり持ち上げます。そのまま5〜10秒間止め、ゆっくり下ろします。

2. 腹筋運動

仰向けに寝て、膝を曲げます。おなかに力を入れ、背中を丸めるようにして、ゆっくりと頭と両肩を持ち上げます。そのまま5〜10秒間止め、ゆっくり下ろします。

 ### 膝痛体操

左右とも10回で1セット、1日3セット

大腿四頭筋訓練

仰向けに寝て、片方の太ももに力を入れて膝をしっかり伸ばします。力を入れたまま、脚を10cmの高さまでゆっくり上げます。そのまま5〜10秒間止め、ゆっくり下ろします。左右交互に1セットずつ行います。

どれくらい運動すればいいの？　目安は「30分×週2回」

ロコモを予防するには、息が弾み汗をかく程度（3メッツ以上）の運動を30分以上、週2回行いましょう。
メッツ（METs）とは、座って安静にしている状態を1として、さまざまな運動や日常の身体活動の強度を数値で示すものです。
たとえば、犬の散歩（3.0メッツ）は、安静時（1メッツ）に比べて3倍のエネルギーを消費します。

息が弾み汗をかく程度（3メッツ以上）の運動の例

・社交ダンス、太極拳 3.0メッツ	・ラジオ体操第一 4.0メッツ	・卓球 4.0メッツ
・速めのウォーキング 4.3メッツ	・水中歩行 4.5メッツ	・ゆっくりとしたジョギング 6.0メッツ

図 9-18　腰や膝が気になる人のための運動療法[14]

腰痛や膝痛を持つことが多い。そのため，特に腰痛と膝痛を対策として，別途体操の方法も示されている（**図9-18**）。さらに，日常生活の習慣にも，「エレベーターやエスカレーターでなく階段を使う」や「歩幅を広くして，速く歩く」などの運動を取り入れることが重要である。

（5）ロコモニター・ロコモニタープラス

　厚生労働省による，国民の健康増進の総合的な推進を図るための基本的な方針としての健康日本21（第2次）において，健康寿命の延伸の実現に向けた課題の一つにロコモの認知度向上が掲げられていた[9]。そして2022年のロコモの認知度は42.5％となっている。これを年代別，そして性別に解析すると，女性では年代が上がるごとに認知度は上昇し，70歳以上の女性の認知度は66.1％である。一方で，20歳代の認知度は，男性が36.3％，女性が29.9％となっており，若者への認知度向上が重要な課題の一つとなっている。

　順天堂大学では，ロコモ度をはじめとした自らの運動機能を簡便に把握するためのアプリケーション「ロコモニター」を2016年に開発した。「ロコモニター」は，ロコモ度テストをアプリ上に完全再現し判定・アドバイスを提供する，「身につける（ウェアラブル）端末」である。普段から可能な限り正確な情報を集めることができれば，疾患を予防したり，進行を遅らせたり，また回復を早めたりすることにつながる可能性がある。このように，診察室以外の日常の情報を記録し，それを臨床研究に反映させることで，将来的には対象者の生活の質（QOL）の向上に貢献することが期待される。2016年2月のリリース以来，1か月の間に全国47都道府県から約6,000件の「ロコモニター」のダウンロードがあり，うち解析対象者は2,177名，平均年齢42.2歳であった。

　ロコモニタープラスについては，2017年9月1日から2019年9月30

164

図 9-19　ロコモニタープラス[11]

日までを研究対象期間とした。全国 40 都道府県から 1,574 件のダウンロードがあり，うち解析対象者は278名，平均年齢50.0歳であった（図9-19）（ロコモニタープロジェクト）[10]。

（6）ロコモの有病率

ロコモニターユーザーの解析対象者のうち，ロコモ度1該当者は30.2%，ロコモ度2は29.2%であった。年代別・性別のロコモ有病率は，ロコモ25と立ち上がりテストによるロコモ度は全世代で女性の方が高

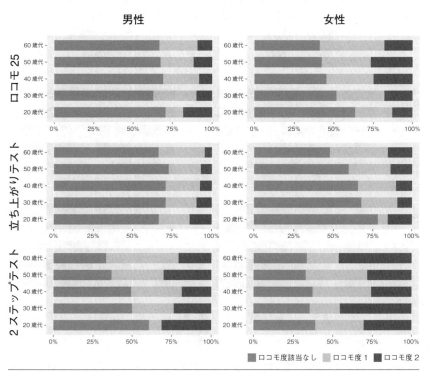

図 9-20　ロコモニタープロジェクトのロコモ度[10]

く（$p<0.01$），女性の中でも高齢世代ほど高かった（$p<0.01$）。なお，20歳代の22.5%がロコモ度1または2に該当した（**図9-20**）[10]。

ロコモ度1および2のいずれにも該当しなかった者のロコモ度テストのスコア分布を検討すると，男女とも高齢世代ほどロコモ25の点数が悪かった（男性：n＝483，$R=0.102$，$p=0.025$　女性：n＝216，$R=0.163$，

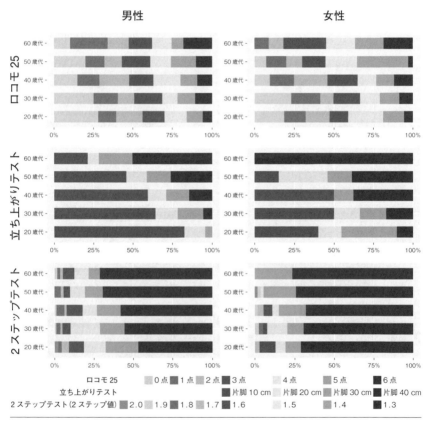

図9-21　ロコモニタープロジェクトのロコモ度1および2のいずれにも該当しなかった者のロコモ度テストのスコア分布[10]

$p<0.016$）（**図 9-21**）[10]。立ち上がりテストの結果も同様に高齢世代ほど悪かった（男性：n＝155，$p<0.001$　女性：n＝70，$p=0.017$）[10]。

（7）ロコモのリスク因子

　肥満とロコモ有病率の関係を検討すると，肥満（BMI≧25 kg/m²）群では，非肥満群と比較してロコモ度1または2に該当する割合が1.34倍（95% 信頼区間［CI］1.03〜1.75，$p=0.027$），ロコモ度1に該当する割合が1.16倍（95% CI 0.85〜1.58，$p=0.364$）高かった（**図 9-22**）[10]。

　一方，運動習慣とロコモ有病率の関係を検討すると，運動習慣あり（運動習慣スコア1〜3点）群では，運動習慣なし群（0点）と比較してロコモ度1または2に該当する割合が0.49倍（95% CI 0.33〜0.76，$p<0.01$），ロコモ度1に該当する割合が0.61倍（95% CI 0.38〜0.98，$p=0.039$）低かった（**図 9-23**）[10]。

　また，強度別の運動頻度とロコモ有病率の関係を検討すると，軽度・

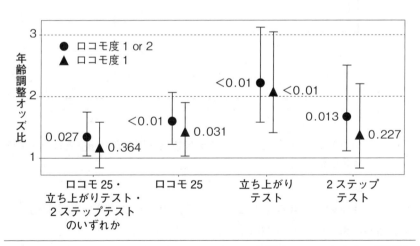

図 9-22　ロコモニタープロジェクトにおける肥満とロコモ有病率の関係[10]

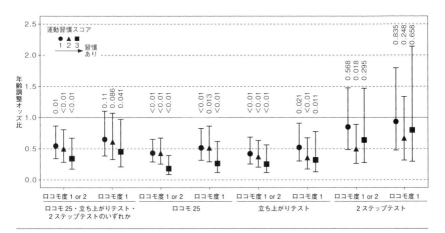

図 9-23　ロコモニタープロジェクトにおける強度別の運動習慣とロコモ有病率の関係[10]

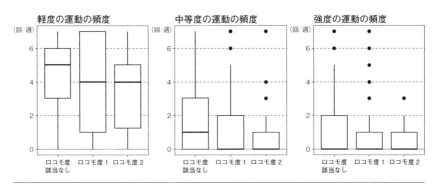

図 9-24　ロコモニタープロジェクトにおける強度別の運動頻度とロコモ有病率の関係[11]

中等度・強度の運動頻度すべてについて，ロコモ度が低い群ほど運動頻度が高かった（すべて $p<0.01$）（**図 9-24**）[11]。

（8）スマホの活動量データからみたロコモと運動習慣の関係

歩数・歩行時間・上った階数・スタンド時間とロコモ有病率の関係を

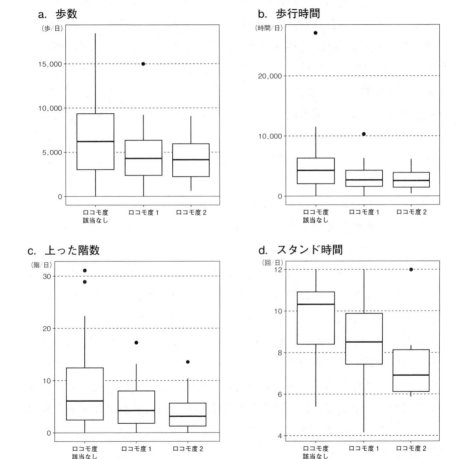

図 9-25　ロコモニタープロジェクトにおける歩数・歩行時間・上った階数・スタンド時間とロコモ有病率の関係[11]

検討すると，これらすべてについて，ロコモ度が低い群ほど活動量が多かった（すべて $p < 0.01$）（図 9-25）[11]。

　「ロコモニター」は，2018 年にバージョンアップ版「ロコモニタープラス」がリリースされた（図 9-19）。「ロコモニタープラス」では，世界で初めて ResearchKit とヘルスケアプラットフォーム・CareKit が 1 つのアプリに搭載されている。これにより，疫学研究によるロコモの実態解明と継続的なケアによるロコモの予防改善が同時に可能となっている。具体的には，①同性同世代のユーザと比較した自分の順位を表示：②人工知能の機械学習を採用し，スマートフォンのセンサーの性能に起因する 2 ステップテストの測定の精度不足を補正：③独自に開発したアルゴリズムを用いて，ロコモ度テスト等の結果を即座に解析し各被験者に最適化された運動を提案：④企業・自治体・介護施設等での活用を念頭に，大人数の運動機能を把握・管理するための Web サービスを提供，など，「ロコモニター」の機能をさらに発展させている。

　ロコモ度テストは，自らの運動機能を安全かつ比較的簡便に把握することを可能にするために開発された。これは運動器検診のようなものを想定して設計されており，被験者とともに，理学療法士など検者が測定に同席することを前提としている。しかし，上記のとおり，より若年層，特に健康な若者の認知度向上のためには，検診といった一定の場所に集まってロコモ度を測定するという方法に加え，日常で場所と時間を選ばず，スマートフォンという現代社会で広く普及したデジタル端末を利用して，自らの運動機能を知ることができるため役に立つ可能性がある。「ロコモニター」，そして「ロコモニタープラス」の開発により，従来検者を要したロコモ度テストを，場所を選ばず，検者も必要とせず，かつ繰り返し実施できるようになった。今まで不可能であった検診以外の場

所で収集されたロコモ度データを解析し，今後の対策に貢献するととも
に，若年層そして壮年層を中心に，自らの運動機能の認知とその早期対
策にも貢献できることが期待される。

3. 結　び

　長寿化に伴い，加齢とともに運動器の機能が低下し運動器疾患が増加
し，多くの高齢者では移動機能低下が起こり，それが健康寿命に大きく
影響を与えることが明らかとなってきた。それに伴い，運動器の加齢に
伴う変化と運動器疾患への対策は喫緊の課題となっている。このような
ヒトそして社会の変化に対応するため，ロコモの概念は加齢に伴う運動
器の機能低下と運動器障害への気付きとその対策を促進するため提唱さ
れた。

　超高齢社会となった本邦においては，具体的には，予防・早期発見・
早期治療，そして増悪した際の外科的治療法の開発・改良など，「ロコモ」
のコンセプトのもと，この課題を長期にわたり包括的かつ継続的に取り
組んでいくことが重要である。そしてわれわれ一人一人ができることは，
日常生活レベルでの活動性を極端に低下させることなく努めることが大
切であり，それは運動器の機能維持のみでなく低下した運動器の機能回
復にも良い効果をもたらす。その実現には，行政や医療などの努力だけ
では不十分であり，本人自らの理解と努力と継続が重要となる。

引用文献

1) 厚生労働省：令和 3 年簡易生命表の概況．2022.

2) 厚生労働省：第 23 回生命表（完全生命表）の概況．2022.

3) 国立社会保障・人口問題研究所：日本の将来推計人口 平成 29 年推計．2017.

4) 厚生労働省：令和元年国民生活基礎調査の概況．2019.

5) Yoshimura N, et al.：Prevalence of knee osteoarthritis, lumbar spondylosis, and osteoporosis in Japanese men and women：the research on osteoarthritis/osteoporosis against disability study. J Bone Miner Metab 27：620-628, 2009.

6) 中村耕三：ロコモティブシンドローム．メディカルレビュー社，東京 2012.

7) 石橋英明：ロコモティブシンドローム．日本骨粗鬆症学会雑誌 4：15-18, 2018.

8) Yamada K, et al.：Reference values for the locomotive syndrome risk test quantifying mobility of 8681 adults aged 20-89 years：A cross-sectional nationwide study in Japan. J Orthop Sci 25：1084-1092, 2020.

9) 厚生労働省：健康日本 21（第 2 次）．2012.

10) Yoshimura Y, et al.：A nationwide observational study of locomotive syndrome in Japan using the ResearchKit：The Locomonitor study. J Orthop Sci 24：1094-1104, 2019.

11) 吉村祐輔ら：ロコモニタープロジェクト-スマートフォンで測定した活動量による運動習慣の継続的・客観的モニタリング．整形外科 72：570-575, 2021.

12) 総務省：平成 28 年推計人口．2017.

13) Netter F. Physiology. In：The Ciba Collection of Medical Illustrations New Jersey：CIBA-Geigy Corporation：149-191, 1987.

14) 日本整形外科学会：ロコモティブシンドローム予防啓発公式サイト ロコモオンライン．

学習課題

・健康寿命について考えてみよう。
・高齢者に多く認められる運動器の病気にはどのようなものがあるかまとめてみよう。
・ロコモ度テストを行ってみよう。
・ロコトレを行ってみよう。

10 | 運動と運動器疾患（2）
—骨粗鬆症と変形性膝関節症—

石島旨章

《目標＆ポイント》 骨・軟骨・筋肉そして関節などの「運動器」は，ヒトの持つ「移動能力」を司る。その機能維持には，「動かすこと」が重要である。長寿化に伴い増加する骨粗鬆症は骨折を，変形性膝関節症は膝の痛みを引き起こすことにより，立ち上がり，姿勢を保ち，そして歩くといった移動能力の低下を招く。本章では，長寿化とともに誰にでも起こりうる代表的な運動器疾患である骨粗鬆症と変形性膝関節症について，その病態について説明するとともに，「動くこと」や「動かすこと」がこれらの運動器疾患の予防や進行の防止に果たす重要性について理解する。
《キーワード》 運動器，骨，軟骨，半月板，骨粗鬆症，変形性膝関節症，運動療法，力学的負荷

1. はじめに

　骨や軟骨そして筋や腱などの「運動器」は，ヒトがヒトらしく生きるために重要な移動能力を司る機能を担う。長寿化に伴い運動器疾患を有する高齢者が増加している。特に，80歳を超えると何らかの運動器疾患を持つ確率が格段に増加する。このように，高血圧や糖尿病といったいわゆる生活習慣病と同様，長寿社会においては運動器疾患に対する対策，特に予防の概念の導入とその対策が急務となっている。

2. 骨粗鬆症

（1）骨のしくみ

①骨の構造と機能

　骨は，外形を司る皮質骨と呼ばれる硬い部分と，内部構造を司る海綿骨と呼ばれる網目状の部分からなりたっている（**図10-1**）[1]。約10％は水分からなり，20％を有機質が占め，その大部分はコラーゲンである。残りの70％は無機質であり，その90％はリン酸カルシウムなどカルシウムからできている。骨は弾性に富む組織であり，コラーゲンがその役割の多くを担っている。

　骨の役割としては，立位保持や移動能力を担う支持組織としての役割，骨格筋と協調して身体の運動を営む機能に加え，肺や心臓そ

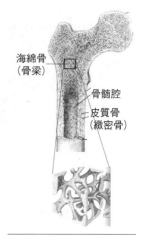

海綿骨
（骨梁）

骨髄腔

皮質骨
（緻密骨）

図10-1　骨の構造[1]

して胃や腸などを保護する機能やカルシウム・リン・ナトリウムなどの電解質の貯蔵機能，さらに主に腕の骨（上腕骨）や太ももの骨（大腿骨）といった長管骨の内部にある骨髄で営まれている造血機能がある（**表10-1**）。

表 10-1　骨の役割

生体の支持・移動機能	⇨	内臓の保護（肋骨，頭蓋骨）
		運動機能（長管骨）
		身体の支持（脊椎）
体液恒常性の維持	⇨	ミネラルの貯蔵庫
造血機能	⇨	骨　髄

176

②骨リモデリングと骨量

　骨は成長期までにその外形と骨強度を最大化する。成長期においても，新陳代謝を繰り返しながら機能している。骨に存在している細胞の大部分は骨細胞である（**図 10-2**）[2]。骨を造る過程を「骨形成」と呼び，「骨

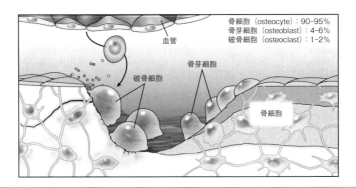

図 10-2　骨を構成する細胞（Canalis E, et al.[2] より，一部筆者加筆）

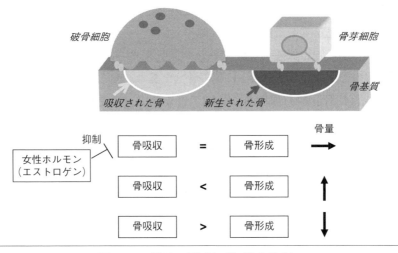

図 10-3　骨リモデリング（筆者作成）

芽細胞」という細胞が担う。また，古い骨を壊し新しい骨を造る素地が必要であるが，この骨を壊す過程を「骨吸収」と呼び，「破骨細胞」が役割を担う。このように骨形成と骨吸収がセットになり起こる骨の新陳代謝を「骨リモデリング」という（**図10-3**）。骨は外力が加わることにより局所で異常（微小骨折）を起こすが，常にその異常を感知し修復する機能を持ち合わせている。成長期に骨が成長し身長が伸びるには骨形成が旺盛に機能しているが，この際でも骨吸収も機能しており骨の新陳代謝は継続している。しかし，成長期は骨形成が骨吸収を上回るため，全体として骨形成が優位となり最終身長獲得に達するまで，骨のサイズは増加し骨量（骨密度）も増加することで骨強度が最大化する。一方で，骨形成が継続しているものの，骨吸収がそれを上回ることもあり，この場合には結果として骨強度が低下する（**図10-4**）。

③骨の力学的負荷応答能

　運動器は，身体の支持と移動を担う役割を持つ。これはいずれも重力に逆らって行うことであり，一定の力学的負荷に耐えうるだけの強度が必要である。この骨への力学的負荷は，骨代謝の恒常性維持に不可欠の生理的な刺激でもあ

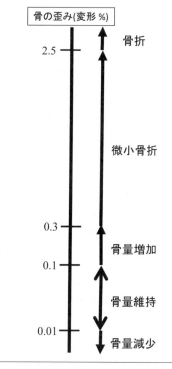

図10-4　骨への歪みと骨の反応
（中村利孝[3]より筆者作成）

る。つまり，骨への力学的負荷は骨量を制御する。したがって，この生理的刺激としての力学的負荷の減少並びに消失は，骨に対して負に働き，骨強度は減少する。

　一般的には硬い組織である骨も，骨に力学的負荷がかかると，局所では歪みを発生する。骨に与える歪みの強さは，日常生活レベルでは0.01から0.1％であり，この範囲では骨吸収と骨形成が同期（カップリング）して機能するため全体としての骨量に増減はない（図10-4)[3]。歪みがあっても0.01％以下の場合骨量は減少し，逆に0.1〜0.3％の歪みでは骨量は増加する。これを超えた歪みが骨に加わると，局所における骨折（微小骨折）が起こり，それ以上（2.5％以上）の歪みとなると骨全体にわたる骨折が発生するという研究結果がある[4,5]。

（2）骨粗鬆症の病態
①加齢に伴う骨強度の変化

　骨組織の基本構造は骨強度の決定因子の一つであり，遺伝的に決まっている。また，成長期に運動などで獲得した骨量並びにミネラルの組織量と，成長終了後以降に骨代謝回転の制御により獲得した骨量，これら多因子がすべて合わさって「骨強度」を決めている。骨強度が低下し，骨折しやすい状態になることが「骨粗鬆症」であり，近年加齢に伴い低下した骨強度をある程度増加させることが可能となっている。しかし，骨強度は，上述の如く，遺伝的因子も含め多因子により決定されており，成長終了後の骨代謝制御による骨強度調整は，骨が持つ力学的負荷に対する強度の一部を制御しているに過ぎない。

　骨量は，20〜40歳でピークとなりその後緩やかに減少する。女性の場合，閉経による女性ホルモン（エストロゲン）分泌の急激な減少により，破骨細胞の機能が異常に活性化され，急激な骨量の減少が起こる（閉経

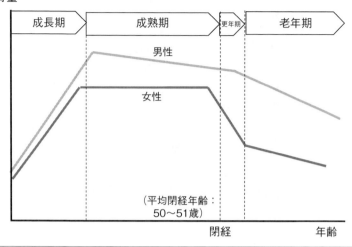

図 10-5　加齢に伴う骨量の変化（筆者作成）

後骨粗鬆症）（**図 10-5**）。35 歳以降は 1 年に 1 ％ずつ，また閉経後は 1
年に 2 ～ 3 ％ずつの骨量（骨密度）が減少する。男性の場合も，男性ホル
モンであるテストステロンからエストロゲンが作られ，破骨細胞の機能
を抑制している。したがって，男女共に加齢に伴い骨量は緩やかに低下
していく。さらに加齢が進むとカルシウム代謝にも変化をきたす。体外
からの唯一のカルシウム流入経路である腸におけるカルシウム吸収能
は，加齢とともに減少し，80 歳の女性では 40 歳時に比べ半減する（**図
10-6**）[6]。また，高齢者では，食物摂取量減少に伴うカルシウム摂取量
減少と，日光暴露時間減少と食物摂取減少に伴うビタミン D 不足など
が積み重なることで，血中カルシウム濃度の相対的な低下が起こる。こ
の場合，速やかに副甲状腺ホルモンが分泌され，骨吸収を亢進させて血
中カルシウム濃度を回復させる。

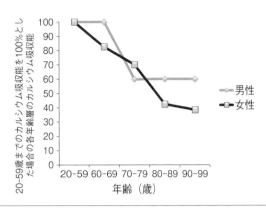

図10-6　加齢に伴う腸管におけるカルシウム吸収能の変化[6]

②骨粗鬆症と脆弱性骨折

　骨折は，内的要因としての骨が持つ力学的負荷に対する抵抗力（限界強度）に対して，外的要因としての骨への応力が勝った際に発生する。内的要因としての骨量（骨密度）が減少すると，外的要因としての骨に加わる外力が軽微（明らかな外傷がない，もしくは立位の高さからの転倒程度）でも骨折を招くことがある。これを脆弱性骨折という。脆弱性骨折は，橈骨遠位端（手首）や上腕骨近位部（肩），脊椎や大腿骨近位部などに発生しやすい（**図10-7**）。

　骨粗鬆症の診断を行う際には，他の

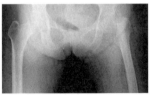
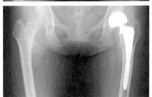
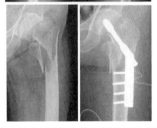

図10-7　大腿骨近位部骨折

表 10-2　原発性骨粗鬆症診断基準[7]

低骨量をきたす骨粗鬆症以外の疾患または続発性骨粗鬆症を認めず，骨評価の結果が下記の条件を満たす場合，原発性骨粗鬆症と診断する。

Ⅰ．脆弱性骨折あり
1．椎体骨折または大腿骨近位部骨折あり
2．その他の脆弱性骨折があり，骨密度が YAM の 80％未満
Ⅱ．脆弱性骨折なし
骨密度が YAM の 70％以下または－2.5 SD 以下

YAM：若年成人平均値

合併症に伴う続発性骨粗鬆症の鑑別診断を行うことが重要である。低骨量をきたす骨粗鬆症以外の疾患または続発性骨粗鬆症を認めないものを原発性骨粗鬆症の診断基準とする（**表 10-2**）[7]。診断はまず，Ⅰ．既存脆弱性骨折を認める場合と，Ⅱ．認めない場合の大きく 2 つに分けられる。Ⅰ．はさらに 2 つの基準があり，既存脆弱性骨折の中でも椎体骨折と大腿骨近位部骨折の既往歴があれば，骨密度の値に関係なく骨粗鬆症の診断となる。そして上記 2 つの部位以外の既存脆弱性骨折の既往がある場合は，骨密度（腰椎もしくは大腿骨近位部が望ましい）が若年成人平均値（young adult mean, YAM）の 80％未満の場合が骨粗鬆症の診断となる。Ⅱ．の既存脆弱性骨折がない場合，YAM の 70％以下，もしくは－2.5SD（標準偏差）以下の場合を骨粗鬆症の診断となる。

③不動性骨粗鬆症

　骨に対して力学的負荷が減少した場合には骨量が減少する（**図 10-8**）[8]。この現象が認められる最も顕著な場面は，宇宙飛行士に起こる骨粗鬆症である。無重力環境下にある宇宙空間に移動した場合，宇宙飛行士は骨粗鬆症になる。特に荷重骨にその減少は顕著に認められ，大腿骨近位部では 1 か月で約 1.5％減少し，これは地上における骨粗鬆症のスピードの 10 倍もの速さで骨量減少が進行する[4]。さらに重要なことは，骨量

182

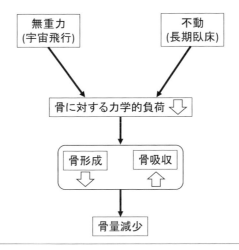

図 10-8　骨への力学的負荷減少または不動に伴う骨量減少[8]（筆者作成）

減少が非常に速いスピードで進行するのに対し，その回復には長時間を要するということである。宇宙空間での生活が 6 か月にも及んだ場合，重力がかかる地上への帰還後骨量の回復は 3〜4 年を要するとされる。

　地上においては重力が作用するが，宇宙空間において認められる骨量減少を地上においても再現する現象として長期臥床がある。特に，食事の摂取や排泄なども臥床したままの状態を維持するような場合には，比較的急速な骨吸収亢進と骨形成の低下が起こる。90 日間に及ぶ臥床実験では，大腿骨近位部の骨量は 6% 程度減少し，その回復には約 1 年を要している[9]。

　このような現象は，宇宙空間や長期臥床に限ったことではなく，荷重骨である下腿骨骨折に対するギプス固定とそれに伴う非荷重歩行後など，地上においても不動と非荷重により急速な骨粗鬆症化が認められる。したがって，日常生活においても骨の健康維持には，適度な頻度と適度な強さの力学的負荷を骨に与え続けることが重要となる。

（3）骨粗鬆症の治療
①非薬物療法：運動療法

　骨粗鬆症の治療において，適度な運動を勧めることは大変重要である。その理由は，上述の如く，骨はかかる力学的負荷に応じてその強度を強めるからであり，逆に力学的負荷がかからなければ，その強度が弱まる。しかし，骨粗鬆症では骨の限界強度が弱まっていることから，日常生活動作で骨にかかる負荷と限界強度との差が少なくなっている（**図10-9**）[3]。したがって，運動を行う際には，過去に可能であった動作でも骨にかかる負荷が強度を上回りやすくなっており，骨折の危険性が増加することを念頭に置くことも重要である。また，運動は骨量の維持に重要であるばかりでなく，筋力やバランス感覚の維持や強化にも役立つ。

　骨粗鬆症に対する運動療法は，介入方法による差はあるものの，ある程度の骨密度維持もしくは増加効果が認められる。つまり，運動によって骨粗鬆症患者の骨密度を増加させることができるといえる。システマティックレビューによると，閉経後女性に対する有酸素運動，荷重運動，

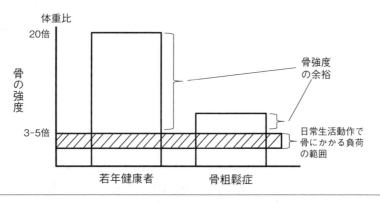

図10-9　骨にかかる負荷と骨の強度（中村利孝[3]をもとに作成）

表 10-3　骨粗鬆症に対する運動療法による骨密度増加効果[10]

運動の種類	測定部位	症例数		骨密度の平均群間差 (%)	95%信頼区間
		介入群	対照群		
有酸素運動 +荷重運動	腰椎	166	170	1.79	0.58-3.01
	大腿骨	139	148	0.68	− 1.18-2.53
	前腕骨	78	82	0.09	− 1.15-1.33
筋力強化運動	腰椎	27	30	2.50	0.44-4.57
	大腿骨	53	55	0.41	− 0.85-1.68
	前腕骨	21	21	− 0.28	− 3.2-2.65
有酸素運動	腰椎	186	189	0.83	0.08-1.58
	大腿骨	161	174	− 0.07	− 1.18-1.03
	前腕骨	80	106	1.22	0.71-1.74

そして筋力強化訓練はいずれも，1〜2%とはいえ腰椎骨密度増加効果が示されている（**表10-3**）[10]。

　骨粗鬆症に対する運動療法は，薬剤による骨密度増加ほどの効果は認められない。しかし，それは薬剤を使用しさえすれば，運動は必要がないということを意味するわけではない。不動による骨量減少は，骨粗鬆症治療に対して負の作用を示す。また，運動は骨密度増加効果のみならず，筋力強化やバランス訓練としての効果も併せ持つことから転倒防止にも役に立つ。したがって，骨粗鬆症対策として必須の治療法との認識が大切である。具体的には，日常生活に運動を取り入れ，励行すること，つまり「身体を動かすこと」が大切となる。継続できることに重点を置き，散歩や片脚立脚訓練のように，大きな負担とならないようなメニューとなる。また，高齢者では，姿勢を正すような動作を意識的に行うことでも，背筋の訓練となる。しかし，負荷の大きい抵抗運動は有効であるが，骨粗鬆症の状態では骨が脆弱化しているため運動による負荷が強すぎてしまう可能性が高くなる（**図10-9**）。したがって，骨にかか

る負荷は強すぎることにならないような意識を持つことも大切である。

②薬物療法

　21 世紀に入り，高齢者の骨粗鬆症に伴う脆弱性骨折，特に，脊椎圧迫骨折や大腿骨近位部骨折の発生を抑制することができるとするエビデンスを持った治療薬が相次いで開発された。本邦でも高齢女性を中心に閉経後骨粗鬆症患者がこの骨粗鬆症治療薬を使用している。このような骨折発生を抑制する可能性のある薬物の開発により，脳出血の発生を予防するために高血圧を治療する，さらには腎不全の発生を予防するための糖尿病を治療するように，脆弱性骨折の発生を予防するために骨粗鬆症の治療を行うことができるようになってきた（**表 10-4**）。

　しかし，たとえ有効な骨粗鬆症治療薬が使用可能になったとしても，それを使用してさえいれば治療薬の効果が十分に発揮され，骨折しないというわけにはいかない。すでに解説したように，経年的なカルシウム吸収能の低下や，栄養の偏りや過剰なダイエット，UV カットによるビタミン D 不足による骨軟化症，そして運動不足による低骨密度などが存在すると，骨の強度が低下する。さらにこのような状態では，骨粗鬆症

表 10-4　骨粗鬆症と変形性膝関節症に対する診断と治療の現状と展望[11]

疾患		
分子レベルの異常	症状のない段階	症状のある段階
骨代謝異常	骨粗鬆症	骨折
関節内構造物の質的・構造的異常	変形性膝関節症（レントゲンで診断）	変形性膝関節症（レントゲンで診断）
血管硬化	高血圧	脳出血
糖代謝異常	糖尿病	腎不全

治療薬の効果も不十分となる[12, 13]。したがって，栄養状態に気を配り，適度な運動により身体を動かし続けることにも注意を払いながら，骨折発生抑制効果が示されている薬物治療を併用することで，効率的な骨粗鬆症の治療を長期にわたり継続することが可能となるのである。

③骨粗鬆症性脆弱性骨折に対する外科的治療

　上記のように，十分な栄養を摂取し，「身体を動かす」習慣を継続し，骨折発生抑制効果のある骨粗鬆症治療薬を長期にわたり使用したとしても，骨折の発生を完全に減らすことはできない。特に75歳を超えると，大腿骨近位部骨折の発生が急増する。大腿骨近位部骨折が発生した場合，通常は立つことも歩くことも困難になる。この場合には，他に合併症などがあり麻酔を行うことができないなどの特別な場合を除いては，骨折した箇所を金属などで固定する骨接合術や，人工骨頭置換術もしくは人工股関節置換術などの外科的治療（手術）を行い，早期に立ち上がる，そして歩くといった，移動能力の回復を図ることが一般的となっている（図10-7）。これは，移動能力を最大限回復させることが重要であるからである。

（4）骨粗鬆症の予防

　骨に過剰な外力が働くと骨折を生じるが，これは力学的負荷の骨に対する「負」の作用である。しかし，宇宙空間における無重力環境や，麻痺や不動による「力学的負荷減少」による骨密度低下現象からも明らかなように，自らの強度維持には一定範囲内の「力学的負荷」が必須であり，力学的負荷の骨に対する「陽」の作用も存在し，その重要度は日常臨床においても決して低くない。つまり，骨にとって力学的負荷は「諸刃の剣」であるが，日常生活レベルにおいては，骨に対して適度な力学的負荷を与えることは重要である。

　閉経期を契機に骨密度が低下しない女性はいない（**図 10-5**）。したがって，骨粗鬆症の予防の観点から考えると，成長期から成熟期にかけて骨密度を可能な限り増加しておくことは大変重要である。この時期に骨密度を増加させるには，十分な栄養摂取と適度な運動が最も重要な因子となる。これも，生涯を通じた骨に対する適切な負荷をかけ続けることが重要な理由である。

3. 変形性膝関節症

（1）関節の構造と機能

　骨は自らの重みを支えるために重要な機能を果たすが，さらに移動機能を実現するには，強固な骨と骨を上手に動かしつつ，近隣する骨同士が傷まないようにする必要があり，さらに移動するたびに発生する骨にかかる力（衝撃）を緩衝させる術が必要である[14]。長管骨の両端に存在

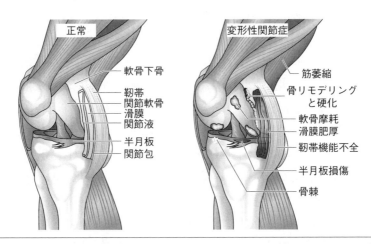

図 10-10　変形性膝関節症の病態（左：正常関節　右：変形性膝関節症の関節）
（Hunter DJ.[15] より）

する関節軟骨は，骨と骨を繋ぐ関節という構造の中でも，この緩衝機能に中心的役割を担う組織である（**図10-10**）[15]。厚みはわずか数ミリメートルの構造物でしかないが，骨と骨が擦れることを防ぎ，移動機能を維持するうえでは大変重要な，他の組織ではなしえない特有の機能を軟骨は有している。さらに膝関節には，骨と骨を繋ぐ靭帯（前十字靭帯，後十字靭帯，内側側副靭帯，外側側副靭帯など）とともに，半月板という組織が内側（内側半月板）と外側（外側半月板）に存在する。半月板は，関節の安定性維持に寄与するとともに，軟骨にかかる力（圧）をさらに分散する機能を担う。これらの構造のもと，膝関節は「動く」というヒトが持つ移動能力を担う機能を有している。

（2）変形性膝関節症の病態

①病　態

　変形性膝関節症の主病変は関節軟骨であり，その質的異常（変性）が機転となる。軟骨の主な構成要素であるⅡ型コラーゲン線維の変性と，衝撃の緩衝作用のための水分含有量の保持に重要な機能を果たすプロテオグリカンの変性が起こる。変性した軟骨成分や半月板成分が関節内に遊離することで，関節の裏打ち構造をする滑膜に炎症（滑膜炎）を惹起し，滑膜水腫や滑膜肥厚などを誘発する。また，軟骨や半月板の衝撃緩衝作用が低下することで，軟骨下骨への力学的負荷の増大を招き，結果として関節全体の構造変化と機能障害をきたしていく（**図10-10**）[15]。

　変形性膝関節症の誘因となる要因は，生物学的，生化学的，免疫学的そして力学的要素からなり，おそらくこれらが複合的に関与する。それらを分類すると，全身的要因と膝関節への局所的要因とに分けられる（**図10-11**）。全身的要因としては，年齢や性，そして遺伝的素因がある。関節軟骨への過剰な力学的負荷は膝関節への局所的要因となり，それはさ

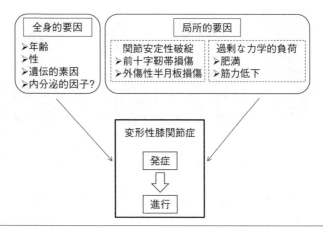

図 10-11　変形性膝関節症発症の要因[11]

らに大きく2つに分けられる。1つは前十字靭帯損傷や半月板損傷といった外傷（怪我）による関節の安定性破綻によるものと，肥満などによる関節への慢性的な過剰な力学的負荷によるものである[11]。

②診　断

　変形性膝関節症の診断には，膝関節の単純レントゲン像を用いるのが一般的である（**図 10-12**）。これは，大腿骨と脛骨の軟骨下骨間距離（関節裂隙）と骨棘の形成程度により重症度分類を行う。単純レントゲンでは上記2項目に加え，軟骨下骨の骨硬化や関節への力学的負荷の限局化の簡便な推定の目的で下肢全体のアライメントなども評価する。

③臨床症状

　変形性膝関節症初期の臨床症状として最も一般的なものは，歩行特に階段昇降時などの疼痛である。特に，降段時の痛みを訴えることが多く，安静時に痛みを訴えることは少ない。つまり，膝関節に力学的負荷がかかった際の痛みを訴えるのが特徴である。初期の膝局所の腫れと屈曲制

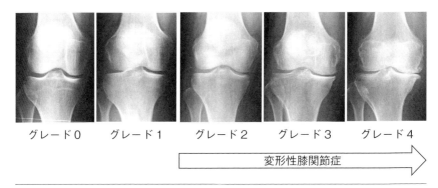

グレード0　　　グレード1　　　グレード2　　　グレード3　　　グレード4

変形性膝関節症

図 10-12　変形性膝関節症の X 線重症度分類：Kellgren & Lawrence 分類

限の自覚は，関節水腫の自覚症状としてよく認められる症状である。病態進行により疼痛の出現頻度と強度が増し，歩行速度の低下，さらには行動制限へと発展する。関節可動域制限は骨棘形成や関節包の肥厚と癒着との関連が示唆されている。伸展制限の自覚症状は歩行速度の低下として，また屈曲制限については正座困難として自覚することが多い。関節の炎症と滑膜の肥厚，そして骨棘形成と筋萎縮の合併により関節の腫大を自覚し，関節軟骨と軟骨下骨の摩耗が局所的に増悪すると，それは多くの場合内側に起こるため下肢の内反変形が顕著になる。

　他覚的には，膝関節の腫脹および熱感，関節水症，関節裂隙に一致する圧痛，他動運動時痛，関節可動域の減少などが認められる。内反変形が顕著になると，荷重時に膝関節が外側にずれる（lateral thrust）ことがある。

　変形性膝関節症の最も重要な臨床症状である痛みである。病理学的には侵害受容性疼痛に属し，主に炎症により構成される。しかし近年，変形性膝関節症の疼痛にシクロオキシゲナーゼ（Cox）やプロスタグランジンをはじめとした炎症性サイトカインが強く影響するのは初期の場合

であり，病態進行に従いその影響は相対的に小さくなることが明らかと
なっている[17]。

（3）変形性膝関節症の治療

　変形性膝関節症の治療は，非外科的治療，すなわち保存療法と，外科
的治療の大きく 2 つに分けられる。変形性膝関節症の罹患患者数は，有
症状者に限定しても約 800 万人と推定されている。その中で，外科的治
療の大部分を占める人工膝関節置換術だけでも年間 10 万件を超えると
されている。

①非薬物治療：運動療法

　保存療法は，非薬物療法と薬物療法の 2 つからなる。保存療法では，
この両者の併用が必要であるとなっている。患者自身が病気（疾患）へ
の理解を深めることとそれを促すための教育は，有効かつ重要であるこ
とが明らかとなっている[14]。関節荷重面への力学的負荷が偏る内反変形
などの下肢アライメント異常がある場合には，足底板や膝装具などに
よって荷重面を移動させる試みも行う。そして保存的治療の中でも運動
療法は，変形性膝関節症のマネージメント体系化の土台となる治療法で
ある[18-20]。

1）運動療法の実際

　変形性膝関節症患者に膝関節およびその周囲に適度な力学的負荷を加
える運動療法を指導し実践させることで，臨床症状は改善する。我々は，
筋力訓練，可動域訓練（ストレッチング）や歩行訓練（ウォーキング）
からなる運動療法を，自宅にて行うホームエクササイズとして取り入れ
ている[18, 20]。

㋐筋力訓練（図 10-13）

　運動療法として最も一般的なのが等尺性の大腿四頭筋に対する訓練で

あり，実際の等尺性筋力訓練には，下記の3つを採用している。以下の
A～Cを1セットとして朝夕3セットずつ計6セット行う。

A：伸展筋訓練（下肢伸展挙上（SLR）訓練）（**図 10-13A**）：仰臥位で
足関節自動背屈と同時に下肢伸展挙上を行う運動。足関節を最大
背屈した状態で下肢を床から約 10～15 cm 挙上し，その位置で5
秒間保持，数秒の休みを入れて 20 回繰り返す（負荷なしで楽す
ぎるようになった場合：足関節に 1～2 kg 程度の負荷をかけるこ
とも可能）

B：外転筋訓練（**図 10-13B**）：側臥位で膝伸展位にて股関節外転を行
う運動。側臥位にて膝を伸ばした状態で下肢を床と平行になるま

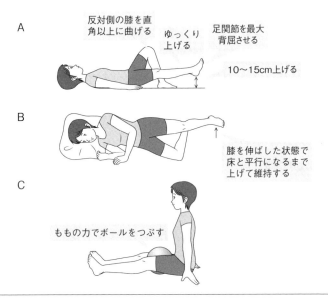

図 10-13　ホームエクササイズプログラムによる運動療法
（A：伸展筋（SLR）訓練　B：外転筋訓練　C：内転筋訓練）

で挙上し，その位置で5秒間保持，数秒の休みを入れて20回繰り返す（負荷なしで楽すぎるようになった場合：足関節に1〜2kg程度の負荷をかけることも可能）

C：内転筋訓練（**図10-13C**）：座位で膝軽度屈曲位にて両膝間にボールを挟みながら股関節内転を行う運動。5秒間のボール挟みを数秒の休みを入れて20回繰り返す

この方法にて，初期から進行期そして末期といったあらゆる重症度の変形性膝関節症でも，痛みを中心とした症状が軽減する（**図10-14**）[21]。しかし，筋力訓練は継続することは容易ではなく，医師も患者も根気よく取り組むことが大切である。

⑦関節可動域訓練（ストレッチング）（図10-15）

変形性膝関節症では屈曲拘縮から始まる可動域制限が出現するが，その屈曲拘縮は立位支持へも影響し，特に筋力低下を伴うと膝くずれの原

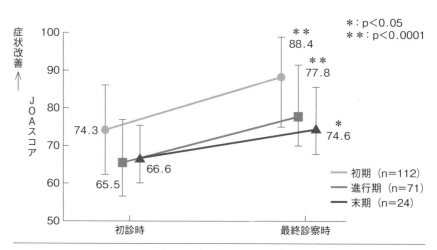

図10-14　変形性膝関節症の重症度別のホームエクササイズプログラムの症状改善効果（黒澤尚[21]より筆者作成）

因となる。また，歩行効率も低下さ
せ，膝伸展時痛や夜間痛の原因にもな
るため，ストレッチングは疼痛と歩容
改善の点で効果があり，入浴などの温
熱療法を併用するとより効果が上が
る。

　具体的には，まず入浴し膝を温め柔
軟性を向上させる。そして浴槽の中で
疼痛のない範囲で最大屈曲と最大伸展
の練習を行う。回数は2から3回程度
でよい。

　㋒ウォーキング
　変形性膝関節症でも歩行時痛が軽度
であればウォーキングを推奨し，歩行
時痛が強い場合には，つかまり立ちで
の足踏み訓練が有効である（図10-
16）。ウォーキングは，筋力増強以外
に平衡機能の向上，心理的・精神的効
果，体重減少などの点で有用とされて
いる。特に水中ウォーキングは，膝へ
の負担が少なく運動量が獲得でき，か

図10-15　関節可動域訓練
（ストレッチン
グ）

つ疼痛がある時期でも可能なため特に推奨している。

②薬物療法
　薬物療法において，痛みの改善効果について最もエビデンスレベルが
高いのは，非ステロイド性消炎鎮痛剤（NSAIDs）である。しかし，消化
管障害と腎障害のリスクがあり，プロトンポンプ阻害剤などの併用の必

要性が推奨されている。関
節内ヒアルロン酸注射も，
本邦でよく用いられている
治療法である。これは変形
性膝関節症の重要な病態で
ある，関節内局所への応力
の集中化を緩和させる可能
性がある唯一の薬剤であ
り[22]，症状改善効果を示す
国内のエビデンスも存在す
る[23,24]。関節内へのステロ

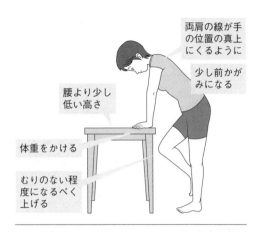

図 10-16　つかまり立ちでの足踏み訓練

イド注射についてはその効果は実施後半年以内と考えられている[25]。

　近年，NSAIDs では無効な変形性膝関節症の疼痛に対して弱オピオイ
ドやセロトニン・ノルアドレナリン再取り込み阻害剤などの薬物が使用
可能となり，薬物療法の選択肢が広がっている。変形性膝関節症の痛み
と関連する病態についての解析が徐々にではあるが進んでおり，従来の
NSAIDs 一辺倒の薬物治療から，病態に応じて治療薬の使い分けについ
ての理解が進んでいる[22]。これらを上手に使い分け病態にあった治療を
実現していくことで，歩行時の痛みを速やかに改善し移動能力も速やか
に回復させることが重要である。

　なお，近年中高年者の膝の痛みに対して，いわゆるサプリメントの使
用についての関心が高まっている。さらには，「再生医療」と称して多血
小板血漿（血小板を濃縮したもの）や間葉系幹細胞を膝関節内に投与す
る方法が一部で行われている。これらはいずれも，膝関節内の軟骨等の
組織を再生させ，変形性膝関節症の発症や進行を遅延もしくは阻止する
ことが科学的に証明されているものではない。したがって，保険診療の

適応外の，いわゆる自由診療（外）にて行われているものである点に注
意が必要である。

③外科的治療

現在，関節軟骨の摩耗や半月板損傷や位置異常，そして軟骨下骨の陥
没などを再生させる治療法はない。したがって，関節軟骨が大きく損傷
し，軟骨下骨が露出や陥没しているような進行期から末期に至る変形性
膝関節症に対しては，外科的治療が必要となる場合がある。

人工膝関節置換術の術後成績は飛躍的に向上した（**図 10-17A・B**）。
また，近年 50～60 歳代前半で活動性が高く，内側コンパートメントに
比較的限局した進行性の変形性膝関節症で臨床症状の強い変形性膝関節
症患者に対して，高位脛骨骨切り術を積極的に行う傾向にある（**図 10-
17C**）。これは損傷した関節軟骨については外科的治療を加えず，脛骨
近位部で骨切りを行い内側のみスペースを作り脛骨のアライメントを変
えることで，下肢全体のアライメントを変更し，膝関節内側に限局した

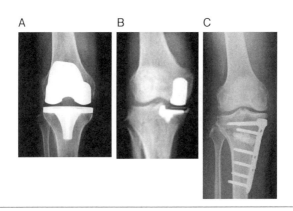

図 10-17　変形性膝関節症に対する外科的治療法
（A：人工膝関節全置換術　B：人工膝関節単顆置換術　C：高位脛骨骨切り術）

荷重面を外側に分散する方法である。骨切り後の内固定材料の改良により，人工膝関節置換術と同様に術後早期からの荷重が可能となり，移動機能を早期から回復させることができ，患者の負担が飛躍的に改善したことがその理由である。したがって，外科的治療法にもエビデンスレベルの高い知見の集積と選択肢の幅が広がったことにより，日常生活動作低下を招くほどの変形性膝関節症においては，不必要に保存療法を長引かせることなく，外科的治療法を選択すべきである。

　しかし，O 脚変形の程度や X 線上の変形性膝関節症変化の程度のみで手術適応の有無の決定はできないということも認識しておくべきである。これに疼痛や日常生活動作障害程度などの臨床症状の悪化を正しく評価することが重要で，その評価と判断は容易ではない。一般的に外科的治療法には，薬物治療など保存的治療法以上に患者の苦痛とリスクを伴うため，医師と患者間において十分な話し合いのもと，選択されるべきである[26]。

（4）変形性膝関節症の予防

　超高齢社会を迎え，誰もが変形性膝関節症による膝の痛みを経験する可能性が高くなっている。したがって，これを予防する手段の確立にも期待がかかっている。そのためには，より一層の病態解明が求められている。近年，「早期変形性膝関節症」と称して，変形性膝関節症の発症前の病態に対する研究が進んでいるのは，まさにその流れの一環である[27]。

　変形性膝関節症の評価は単純レントゲンを用いるのが一般的だが，これは過去に関節に発生した事象の結果を捉えているに過ぎず，将来の病態進行の予測は困難である。その課題の克服に向け，MRI（Magnetic Resonance Imaging）を用いた膝関節内病変の詳細な解析と（**図 10-18**），バイオマーカーを用いた関節内の代謝動態の解析を組み入れることで，

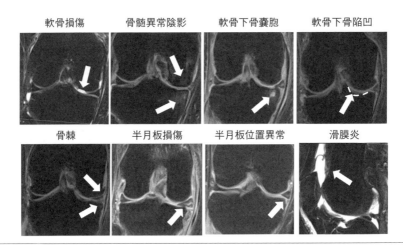

軟骨損傷　　骨髄異常陰影　　軟骨下骨嚢胞　　軟骨下骨陥凹

骨棘　　半月板損傷　　半月板位置異常　　滑膜炎

図 10-18　MRI により描出される変形性膝関節症の病態[27)]

変形性膝関節症の病態把握と課題の克服が試みられている[27)]。

　そして，外科的治療法の選択にも MRI の導入が大変重要なエビデンスをもたらした。変形性膝関節症の診断に MRI を用いると，半月板損傷が高率に認められる。しかしこれは，変形性膝関節症に限らず高齢者では加齢とともに頻度が高まること[28)]，そして関節鏡を用いて損傷した半月板を（部分的に）切除しても，手術をせずに運動療法を行った場合と比較して，その症状改善効果は中長期的には変わらないことが明らかとなってきた[29)]。

　また，変形性膝関節症は，50 歳前後を契機に発症する患者が急増し[30)]，大腿四頭筋など下肢の筋力の低下[31)] や転倒などの外傷[32)] が，その発症のリスクである可能性が示唆されるようになった。したがって，誰もが罹患する可能性がある変形性膝関節症の予防の観点からも，加齢とともに認められる筋力の低下を少しでも防ぐための手段として，「動くこと」「動き続けること」「運動すること」は大変重要であると考えることがで

きる。

　今後は，骨粗鬆症を骨代謝異常症として捉えることを可能としたように，MRIやバイオマーカーを用いた病態解明が進むことで，変形性膝関節症を関節内の代謝異常症として捉えることが可能となり，早期発見と早期治療が実現することが期待される（**表10-4**）[11]。

4. まとめ

　骨折した場合，ギプスなど手術でない方法で治療する場合，その骨折部分を動かさないことが治療の原則である。また，腰が痛いときや膝が痛いときには安静にしていれば治る，という考えが広まりすぎていることがある。この印象が強いがあまり，運動器の疾患や障害の場合にも，「動かさないこと」が大切であると考えがちである。しかし，運動器の修復過程などの理解や臨床的知見の蓄積により，運動器には動かすことによる「適切な負荷」を与えることが，たとえ損傷した部分についても重要であることが明らかとなってきた。したがって，日常生活レベルでの活動性を極端に低下させないように努めることが重要であり，それは機能回復にも良い効果をもたらす。その実現は，医師のみの努力では実現できず，本人自身の理解と努力と継続が重要となる。

　自分の「あし」で歩き，「動き続けられる身体」をもって自立した生活を維持したままで寝たきりにならず人生を全うしたいと願わない人はいないであろう。しかし，超高齢社会となり，人生の最終章では運動器障害を理由にそれを実現できなくなっていくことが明らかとなってきた。「ロコモティブシンドローム」の概念が本邦で提唱されたことは，人類史上前例のない超高齢社会に世界でいち早く突入した国として，必然といえる。骨粗鬆症や変形性膝関節症は，その障害を招く疾患である。「動かなすぎ」は，これらの疾患の発症や進行を加速させる。一方で，

「動かしすぎ」「動きすぎ」は疾患を増悪させる作用があることもまた事実である。したがって，骨や筋肉といった運動器を「適切に動かすこと」とは何かと考えながら，骨粗鬆症や変形性膝関節症をはじめとした運動器疾患と向き合っていくことが重要である。

引用文献

1) Netter F. Physiology. In：The Ciba Collection of Medical Illustrations New Jersey：CIBA-Geigy Corporation：149-191, 1987.
2) Canalis E, et al.：Mechanisms of anabolic therapies for osteoporosis. N Engl J Med 357：905-916, 2007.
3) 中村利孝：骨粗鬆症（脊柱変形，骨折）. 運動器リハビリテーションクルズス. 南江堂. 2008.
4) 大島博, 松本俊夫：宇宙旅行・長期臥床と骨代謝. 宇宙航空研究開発機構：1803-1812, 2012.
5) Frost HM：On the estrogen-bone relationship and postmenopausal bone loss：A new model. J Bone Miner Res 14：1473-1477, 1999.
6) Bullamore JR, et al.：Effect of age on calcium absorption. Lancet 2：535-537, 1970.
7) 原発性骨粗鬆症の診断基準（2012年度改訂版）. Osteoporos Jpn＝日本骨粗鬆症学会雑誌, 2013；21：9-21.
8) 井上大輔：不動性骨粗鬆症. 医薬ジャーナル社. 2012.
9) Watanabe Y, et al.：Intravenous pamidronate prevents femoral bone loss and renal stone formation during 90-day bed rest. J Bone Miner Res 19：1771-1778, 2004.
10) Bonaiuti D, et al.：Exercise for preventing and treating osteoporosis in postmenopausal women. Cochrane Database Syst Rev：CD000333, 2002.
11) 石島旨章ら：変形性膝関節症の病態・診断・治療の最前線. 順天堂醫事雑誌 59：138-151, 2013.

12) Ishijima M, et al.：Minimum required vitamin D level for optimal increase in bone mineral density with alendronate treatment in osteoporotic women. Calcif Tissue Int 85：398-404, 2009.

13) Kinoshita M, et al.：The increase in bone mineral density by bisphosphonate with active vitamin D analog is associated with the serum calcium level within the reference interval in postmenopausal osteoporosis. Mod Rheumatol 29：157-164, 2019.

14) 伊藤宣ら：変形性関節症．ミネルヴァ書房．2017.

15) Hunter DJ.：Viscosupplementation for osteoarthritis of the knee. N Engl J Med 372：1040-1047, 2015.

16) Kellgren JH, Lawrence JS.：Radiological assessment of osteo-arthrosis. Ann Rheum Dis 16：494-502, 1957.

17) 石島旨章ら：変形性膝関節症における慢性疼痛．日本臨床 77：2027-2034，2019.

18) 石島旨章ら：変形性膝関節症に対するホームエクササイズプログラムの実際・効果・限界そして問題点．臨床スポーツ医学 28：607-615，2011.

19) 松井裕之ら：メカニカルストレスと変形性関節症．Clinical Calcium 22：1855-1862，2012.

20) 金子晴香ら：変形性膝関節症の運動療法．MB Orthopaedics 29：70-78，2016.

21) 黒澤尚：変形性膝関節症に対するホームエクササイズによる保存療法．日本整形外科学会雑誌 79：793-805，2005.

22) 東村潤ら：変形性膝関節症に対する薬物療法の実際と有効性．MB Orthop 36：29-41，2023.

23) Ishijima M, et al.：Intra-articular hyaluronic acid injection versus oral non-steroidal anti-inflammatory drug for the treatment of knee osteoarthritis：a multi-center, randomized, open-label, non-inferiority trial. Arthritis Res Ther 16：R18, 2014.

24) Ishijima M, et al.：Different changes in the biomarker C-terminal telopeptides of type II collagen（CTX-II）following intra-articular injection of high molecular weight hyaluronic acid and oral non-steroidal anti-inflammatory drugs in patients with knee osteoarthritis：a multi-center randomized controlled study. Osteoarthritis Cartilage：2022.

25) da Costa BR, et al. : Intra-articular corticosteroids for osteoarthritis of the knee. JAMA 316 : 2671-2672, 2016.

26) Dieppe P. : Who should have a joint replacement? A plea for more 'phronesis'. Osteoarthritis Cartilage 19 : 145-146, 2011.

27) 羽田晋之介ら：MRI でみる早期変形性膝関節症の病態. 関節外科 40：695-702, 2021.

28) Englund M, et al. : Incidental meniscal findings on knee MRI in middle-aged and elderly persons. N Engl J Med 359 : 1108-1115, 2008.

29) Thorlund JB, et al. : Arthroscopic surgery for degenerative knee : systematic review and meta-analysis of benefits and harms. BMJ 350 : h2747, 2015.

30) Cross M, et al. : The global burden of hip and knee osteoarthritis : estimates from the global burden of disease 2010 study. Ann Rheum Dis 73 : 1323-1330, 2014.

31) Oiestad BE, et al. : Knee extensor muscle weakness is a risk factor for development of knee osteoarthritis. A systematic review and meta-analysis. Osteoarthritis Cartilage 23 : 171-177, 2015.

32) Driban JB, et al. : Association of knee injuries with accelerated knee osteoarthritis progression : data from the Osteoarthritis Initiative. Arthritis Care Res (Hoboken) 66 : 1673-1679, 2014.

学習課題

・脆弱性骨折はどの骨に起こりやすいか考えてみよう。
・変形性膝関節症の進行リスク因子についてまとめてみよう。
・変形性膝関節症の運動療法を実際に行ってみよう。

11 | 運動と骨格筋

内藤久士

《目標＆ポイント》 骨格筋は，運動の力を生み出す人体のエンジンとしての役割を果たしている。また，刺激の変化に対してよく適応する非常に可塑性に富んだ組織であり，筋力トレーニングなど負荷の増大に対しては肥大し，反対に無重力環境などの不活動な状態によって萎縮する。本章では，まず骨格筋が力を発揮する基本的なしくみを理解し，さらに骨格筋の特性とスポーツ競技との関連性についての理解を深める。その上で，加齢に伴う筋萎縮（サルコペニア）と骨格筋に関わるアスリート遺伝子（αアクチニン 3 遺伝子）を題材に，骨格筋について分子，遺伝子のレベルからも理解することを目指す。

《キーワード》 筋力トレーニング，筋肥大，筋萎縮，サルコペニア，筋線維組成

1. 骨格筋の生理学的基礎

（1）骨格筋の基本構造（図 11-1）[1]

　骨格筋細胞は，直径 $10〜100\,\mu m$，長さ $1〜50\,mm$ 程度の細長い円筒状の形をしているため筋線維と呼ばれる。骨格筋は，この筋線維はもちろんのこと，結合組織，神経組織なども含んでいる。骨格筋に見られる結合組織の膜は，筋全体を包み込む最も外側の層（外筋周膜）から，個々の筋線維の束（筋束）を仕切るように筋の内部に伸び（内筋周膜），さらに個々の筋線維の間にも入り込む（筋内膜）。さらに筋線維の微細構造に目を向けると，筋細胞の外側は，基底膜と筋形質膜からなる筋鞘によっ

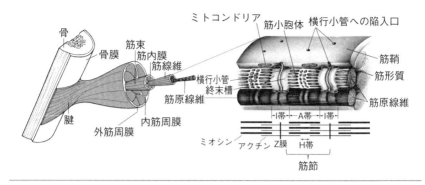

ミトコンドリア　筋小胞体　横行小管への陥入口

骨

骨膜

筋束

筋内膜

筋線維

横行小管

終末槽

筋原線維

腱

外筋周膜

内筋周膜

筋鞘

筋形質

筋原線維

I帯　A帯　I帯

ミオシン　アクチン　Z膜　H帯

筋節

図 11-1　骨格筋の概観と微細構造
（Powers & Howley, 1994[1]）に一部変更を加えて引用）

て覆われている。筋細胞内部は筋形質と呼ばれるが，筋原線維の他に，ミトコンドリア・ゴルジ装置・リソソーム・グリコーゲン顆粒などを含んでいる。筋原線維は，2つの異なる種類の収縮タンパク質，すなわち太いフィラメントを構成するミオシンと，細いフィラメントを構成するアクチンとからなり，さらに筋節と呼ばれる個々の単位に分けることができる。筋節は，Z膜と呼ばれる薄い膜状の構造タンパク質によって分けられる。筋節内には，暗くA帯と呼ばれる部分と，明るくI帯と呼ばれる部分が存在し，骨格筋の横紋模様を生み出している。

（2）興奮収縮連関

　神経線維と筋線維とが出会う場所は神経筋接合部と呼ばれるが，運動神経の終末は筋と直に接触しているのではなく，10 nm 程度のわずかな隙間によって隔てられている。神経の電気的な興奮が運動神経の終末に到達すると，神経終末は神経伝達物質であるアセチルコリンを放出し，シナプス間隙を渡って拡散したアセチルコリンが筋形質膜のナトリウム

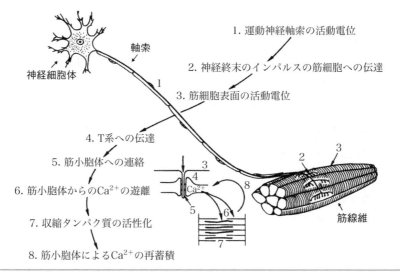

1. 運動神経軸索の活動電位

2. 神経終末のインパルスの筋細胞への伝達

3. 筋細胞表面の活動電位

軸索

神経細胞体

4. T系への伝達

5. 筋小胞体への連絡

6. 筋小胞体からのCa^{2+}の遊離

7. 収縮タンパク質の活性化

8. 筋小胞体によるCa^{2+}の再蓄積

筋線維

図 11-2　筋線維が収縮を起こす経過の要約
（Peachey, 1977[2]）より引用，一部筆者加筆）

透過性を増大させて終板電位と呼ばれる脱分極を引き起こす。この興奮
は，さらに横行小管（T系）を通って筋細胞の深くまで伝えられる。興
奮が筋小胞体へ到達すると，蓄えられていたCa^{2+}が終末槽から放出され
筋形質のCa^{2+}濃度を劇的に上昇させてこの多量のCa^{2+}が調節タンパク
質であるトロポニンに作用し，ミオシンとアクチンの相互作用，すなわ
ち筋収縮による力発生を引き起こす。神経インパルスが止むと，筋小胞
体内に存在するカルシウムポンプが筋小胞体内へとCa^{2+}を回収しミオ
シンとアクチンの相互作用が止み，筋は弛緩する。この神経インパルス
の到達から筋収縮が止むまでの一連の過程は，興奮収縮連関と呼ばれて
いる（**図 11-2**）[2]）。これらの過程の一部が阻害されても，筋は十分な収
縮を行うことができない。

（3）滑走説

　筋線維が収縮するときに，A 帯の長さは変化しないが，隣接する Z 膜との間隔が短くなる。したがって，太いフィラメントであるミオシンと細いフィラメントであるアクチンの長さは常に一定で，両フィラメントはお互いにその間に滑り込むようにして収縮をしていると考えられる。これは滑走説と呼ばれており，筋収縮のメカニズムをよく説明するモデルとして認知されている。

（4）筋収縮のエネルギー

　ミオシン頭部には，ATP（アデノシン三リン酸）を ADP（アデノシン二リン酸）と Pi（無機リン酸）へと加水分解する酵素 ATPase が存在する。筋収縮のエネルギーは，この ATP の分解によってのみ得られる。しかし，筋線維の ATP 貯蔵量には限りがあり，それだけでは筋収縮を継続することは困難である。したがって，ATP を絶えず再合成する必要がある。そのエネルギー供給の経路は，CP（クレアチンリン酸）系と解糖系とからなる無酸素的供給系と，有酸素的供給系の 2 つに大別される。どのエネルギー供給系に依存するのかは，実際に行われる筋運動の種類や持続時間などによって異なり，スポーツの競技特性と大きく関わっている。

2. 筋線維タイプとその特性

（1）速筋線維と遅筋線維

　骨格筋は，古くは肉眼的および代謝的所見によって赤筋 − 酸化型と白筋 − 解糖型に分類され，筋線維においても赤筋線維と白筋線維が分類名称として用いられていた。しかし現在では，筋線維の収縮特性を反映する ATPase 活性をもとに，筋線維を遅筋（ST：Slow Twitch　またはタイ

プⅠ）線維と速筋（FT：Fast Twitch　またはタイプⅡ）線維に大別する
方法が一般的である。また，電気泳動法や免疫組織化学的手法の発達に
より，ミオシン重鎖あるいは軽鎖のアイソフォームなどの違いに基づい
て筋線維タイプをより細かく分類する方法も一般的になりつつある。

（2）筋線維組成とスポーツ競技

　異なるタイプの筋線維が筋全体に占める数の割合のことを筋線維組成
という。筋線維組成は筋全体の収縮特性や持久力に大きな影響を及ぼす
ので，ヒトの骨格筋を採取して筋線維タイプを同定する筋生検（筋バイ
オプシー）方法の発達によって，運動中のパワー発揮や代謝特性，また
スポーツ競技の特性を筋線維組成と関連づけて明らかにすることが可能
となった。

　多くの運動・スポーツで重要な役割を果たす外側広筋では，遅筋線維
と速筋線維の数の比は一般的におよそ50：50である。しかし，マラソ
ンなどの持久系競技における一流の競技者では遅筋線維が，短距離走種
目などスプリント系種目の一流競技者においては速筋線維が，それぞれ
全体の70％以上を占めており大きな偏りがある。一方，大きなパワー発
揮を繰り返しながら，長時間にわたって競技を続ける必要がある球技系
種目のスポーツ選手では，一般人とほぼ同様にその比はおよそ50：50で
ある（**図11-3**）[3]。

（3）筋線維タイプの移行

　筋線維組成は，双子を対象とした研究より先天的な影響を強く受け，
ヒトではあまり大きな変化を示さないと考えられている。しかし，小動
物などを用いた研究では，筋収縮を繰り返すと速筋線維は遅筋線維へ，
反対に筋の不活動状態では遅筋線維が速筋線維へと移行する可能性があ

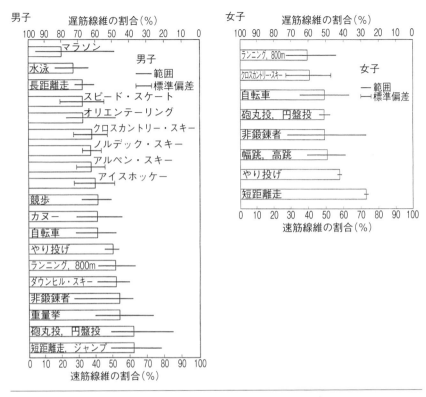

図 11-3　スポーツ種目と筋線維組成 （Fox, 1984[3]）より引用）

ることも報告されている。

3. 骨格筋の形態的・機能的変化

（1）トレーニングによる筋力の向上と筋肥大 （図 11-4）[4]

　筋力トレーニングは，用いる負荷の大きさや動作様式に応じて骨格筋の出力に様々な適応，すなわちトレーニング効果をもたらす。そのねらいの違いから筋力，筋持久力，筋パワーのトレーニングに大別できる

が，最大に近い負荷をかけ筋力を
高めるためのトレーニングを行っ
た場合には，トレーニング開始の
はじめ（1 ヶ月程度）の頃の筋力
増加は比較的大きいにもかかわら
ず，筋横断面積の増加はほとんど
見られない。これは，神経系の適
応，すなわち動員できる運動単位
の増加や発火の同期化，中枢性抑
制の減少などの神経的な適応がは
じめに引き起こされるためであ
る。その後，神経系の適応が上限
に達するのに引き続き，筋横断面
積の増大，すなわち筋肥大が起こ
るようになってくる。通常，筋線
維の肥大は引き起こされるが筋線
維数の増加の程度は極めて小さい
と考えられている。

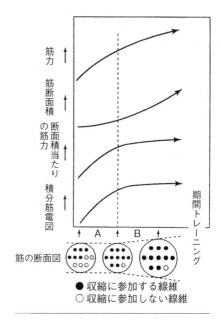

**図 11-4　筋力トレーニングによる
筋力の増大とその要因**
（福永哲夫，1978[4]）より引用）

（2）骨格筋の肥大と萎縮

　筋タンパク質の維持は，それが構成する細胞における筋の収縮タンパ
ク質および構造タンパク質の合成と分解のバランスの上に成り立ってい
る。もしそのバランスに変化が生じ，例えば筋力トレーニングによって
合成系が優位な状態になれば筋肥大を生じ，不活動，疾病（がん，糖尿
病など），低栄養などによって分解系が優位な状態になれば筋タンパク質
が減少し，その結果として筋は萎縮する。

これらの合成と分解の働きを考える上で，合成系ではタンパク質同化促進ホルモン，神経系因子，成長因子，ミオスタチン，機械的刺激，化学的刺激などが，一方，分解系ではリソソーム系，カルパイン（カルシウムイオン依存性タンパク質分解）系，ユビキチン-プロテアソーム系が重要な役割を果たしている。

（3）加齢に伴う筋萎縮（サルコペニア）

加齢とともに日常生活の質および量が低下してくる。また，高齢期では筋力や筋パワーに著しい低下が見られるが，これは筋線維，特に速筋線維の選択的な萎縮や減少に起因することはよく知られている（図11-5）[5]。高齢者におけるこれらの問題には，加齢とともに徐々に進行する筋量および筋機能の低下，すわわちサルコペニアが，大きく関係している。30歳を越えると10年おきに約3〜5％の筋量が減少するが，この減少率は60歳を越えるとさらに加速する。サルコペニアは，転倒によるケガの危険性を増加させ，場合によってはそれによって身体的自立を妨げ，さらに身体活動量の低下という悪循環を導く。またそれらによって，骨密度の減少，肥満，糖耐性低下などの代謝障害の誘因ともなる。

サルコペニアがなぜ起こるのかについては未だ不明な点も多いが，提唱されている代表的なメカニズムは以下のとおりである。

①修復不可能な筋線維の損傷，および筋線維の不可逆的な脱神経支配化

加齢による運動神経の死滅などによって筋線維が運動神経の支配から離れ，再支配されないままに死滅する。特に，速筋線維を支配するサイズの大きな運動神経での退行的変化が大きいと考えられ，速筋線維の選択的萎縮の一因ともなっている。

②筋再生能の低下（図11-6）[6]

骨格筋が損傷や過負荷（筋力トレーニング）などの刺激を受けると，

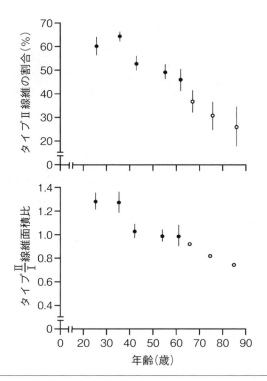

図 11-5　老化に伴う筋線維組成と筋線維面積比の変化
（Larsson，1983[5]より引用）

筋線維の筋形質膜と基底膜の間にある筋衛星（サテライト）細胞と呼ばれる単核の細胞が増殖因子やサイトカインなどの刺激で活性化されて増殖を開始し，筋芽細胞となる。増殖した筋サテライト細胞はやがて増殖を止めて分化を開始し，既存の筋線維と融合して筋組織を再構築して筋の再生や肥大を促す。しかし，この筋サテライト細胞が，加齢に伴い数および増殖能や筋分化能などの機能が低下するために筋再生能力が低下するのではないかと考えられている。また，高齢期の骨格筋では，加齢

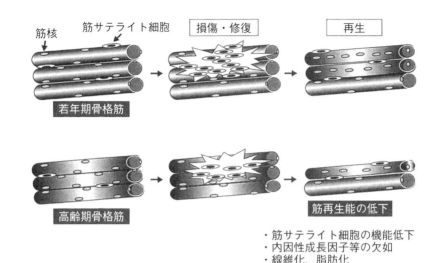

図 11-6　加齢に伴う筋再生機能の低下とその要因（町田修一, 2011[6) より引用）

に伴い筋サテライト細胞の諸機能を調節するインスリン様成長因子
（insulin-like growth factor 1：IGF-1）などのホルモンやサイトカイン
などの環境要因，あるいは組織側でのホルモンに対する感受性が変化する
ことによって，筋再生が抑制される可能性も示唆されている。

③筋タンパク質の合成能の低下

　この骨格筋量の減少には多くのホルモンや成長因子，そしてサイトカ
インが影響を与えている。中でも，テストステロン，エストロゲン，成
長ホルモン（GH）のような同化促進ホルモンの血中レベルが加齢に伴い
減少する。GH は，IGF-1 の分泌を調整することによって同化促進作用
を促す役割を担っている。IGF-1 は GH によってその分泌が促進される
だけでなく，機械的刺激や筋活動量の増加に対しても骨格筋内で生産さ
れて自己および傍分泌されるが，機械的刺激などによって分泌された

IGF-1 は IGF-1 受容体に結合し，細胞内のシグナル伝達系に順次情報を伝えて筋タンパク質合成能を亢進させる。しかし，加齢に伴い血中および筋内の IGF-1 濃度が低下し，さらに機械的な刺激に対する IGF-1 下流の細胞内シグナルの反応性も低下する。これによって，筋タンパク質合成系の低下が引き起こされ，そのことがサルコペニア発症の要因の一つであると考えられている。

④筋タンパク質分解能の増加

　サルコペニア発症に伴い筋タンパク質分解に関わるユビキチン−プロテアソーム系が亢進することが報告されている。多くの筋萎縮の実験モデルにおいて共通に発現する 2 つの特異的ユビキチンリガーゼ遺伝子 MAFbx（Muscle Atrophy F-box）/Atrogin-1 と MuRF1（Muscle Ring Finger 1）は，特に速筋線維の筋タンパク質分解が著しく増加する際の過程を仲介すると考えられている。加齢に伴う筋萎縮では，速筋線維の選択的萎縮が顕著に認められることから，サルコペニア発症の一つのメカニズムとして，特異的ユビキチンリガーゼ遺伝子が関与していると考えられる。また，IGF-1 が，MAFbx/Atrogin-1 および MuRF1 の遺伝子発現を阻害し筋萎縮を抑制していると考えられるので，加齢に伴う骨格筋内での IGF-1 の低下は，筋タンパク質合成の低下を招くだけでなく，筋タンパク質の分解も促すことになる。

　その他にも，腫瘍壊死因子（TNF-α）やインターロイキン-6（IL-6）などの炎症性サイトカインなどの液性因子や，栄養素に対する組織の応答性の障害，あるいは栄養失調，酸化ストレスによるミトコンドリア内 DNA の突然変異および細胞の死滅などが影響を与えていると考えられる。いずれにしても，1 つだけの要因によるものではなく，これら複数の要因が複雑に関連し合って筋タンパク量の減少を引き起こしていると考えられる。

4. 骨格筋とアスリート遺伝子

（1）運動能力と遺伝率

握力や膝脚伸展での筋力・筋パワーなどから算出される遺伝率は，おおよそ30～70％の範囲に，また，最大酸素摂取量に代表される持久的能力では，およそ40～70％の範囲にあることが報告されている[7]。しかしながら，遺伝要因の何が運動能力を規定しているのかについては，未だ十分には明らかになってはいない。

（2）αアクチニン（ACTN）3タンパク質の発現調節を行うACTN3遺伝子

多数の遺伝子多型が瞬発的あるいは持久的な運動能力に関連することが報告されている[8]。中でも非常によく研究が進められているのが，ACTN3遺伝子多型である。ACTN3遺伝子は，第11番染色体上に位置し，ヒト骨格筋のACTN3タンパク質をコードするが，この遺伝子には多型（Arg577Ter または R577X）が存在し，第16エクソンのC＞Tが塩基置換されると，577番目のアミノ酸がR（アルギニン）からX（終止コドン）に変化し，翻訳される前に分解されるためにACTN3タンパク質を作り出すことができない。したがって，RとXアレルの組合せ，すなわちRR型，RX型，XX型の中で，XX型のみがACTN3タンパク質を作り出すことができない。

αアクチニンは，収縮タンパク質であるアクチン同士を結合する重要な結合タンパク質である（図11-7）。ヒトの骨格筋には筋節を仕切るZ膜の主要な構成成分として，ACTN3とACTN2の2つのアイソフォームが存在し，ACTN3タンパク質は，ACTN2タンパク質に比べて頑健で高い筋出力に有利な構造を持つと考えられており，また，ACTN2タン

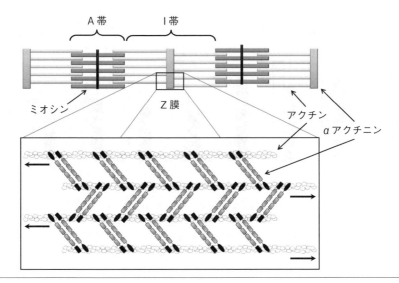

図 11-7 αアクチニンは Z 膜でアクチンを結合している

パク質が速筋線維および遅筋線維の双方に発現するのに対して，ACTN3 タンパク質は速筋線維にしか発現しないという特徴を持っている[9]。しかし，その場合には ACTN2 タンパク質がその機能を代償しているため，正常な筋機能は保たれる[10]。ヨーロッパ人では〜18％，日本人では〜25％程度の人たちがこの XX 型であり，その出現頻度は人種によって差があることが知られている[9, 11]。

（3）ACTN3 遺伝子多型と競技種目特性

Yang ら[12] は，オーストラリアのトップアスリート 429 名の ACTN3 遺伝子多型を健康な一般白人 436 名のものと比較した（**図 11-8**）。その結果，男女共にスプリント・パワー系種目の選手と一般人との間でアレルの出現頻度は異なり，XX 型の割合は一般人では，男性 16％，女性

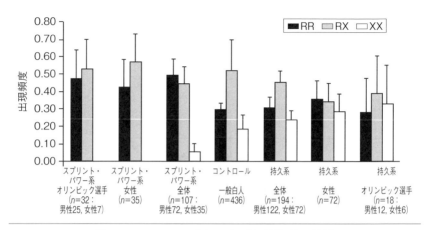

図 11-8　ACTN3 遺伝子多型と競技種目特性
(Yang et al., 2003[12] より引用，一部改変)

20%であったのに対して，スプリント・パワー系種目の選手では男性 8%，女性では該当する選手がいなかった。これらの結果から，速筋線維における ACTN3 タンパク質の存在が，スプリント・パワー系の競技種目において成功を収めることに強く関わっている可能性を報告した。一方，持久系種目の選手においては，アレルの出現頻度が一般人とかなり近く，XX 型の割合は，男性 20%，女性 29%であった。このことから，ACTN3 タンパク質の欠損が持久系種目では有利に働くか，あるいは，少なくとも持久的なパフォーマンスに悪い影響を与えることはないと考えられた。

　この Yang らの報告[12] は，RR，RX 型を持つ場合にはスプリント・パワー系種目に，XX 型を持つ場合には持久系種目に適性があるのではないかという仮説を，シンプルでわかりやすいデータで示したものであったため，研究者のみならず選手やコーチなどにとっても ACTN3 遺伝子多型の持つ意味は比較的受け入れやすいものであった。このようにアス

リート遺伝子と呼ばれる遺伝子は，競技選手として成功を収めるための
種目選択やトレーニング方法にある程度の示唆を与えてくれる可能性を
秘めている。しかし，ある 1 つの遺伝子の多型だけで競技パフォーマン
スを説明することは極めて難しく，誰が一流の競技者になれるのかを決
めるものでもないし，また一流の競技者としての才能を保証するもので
もない。

（4）ACTN3 遺伝子多型と筋力トレーニングの効果

　ACTN3 遺伝子多型が筋力トレーニングの効果に及ぼす影響を検討し
た研究は，未だ一致した結論には至っていない。ACTN3 遺伝子多型が
トレーニング効果に影響を与える可能性は否定できないものの，トレー
ニング方法をはじめ，その評価方法，人種，年齢，性，初期の体力レベ
ルの相違がその効果に大きな影響を与える可能性がある。今後より多く
のトレーニング研究によって検証される必要があるであろう。

5. おわりに

　骨格筋の肥大や萎縮のメカニズム，またアスリートの高い競技能力を
生み出す源である骨格筋の特性が，分子や遺伝子のレベルからも明らか
にされつつある。運動やトレーニングによって骨格筋量を維持あるいは
増加させ，その機能を向上させることは，競技力向上のためのみならず，
一般人の健康づくりのためにも極めて重要である。幸いにも高齢になっ
てもトレーニングに対する骨格筋の適応能力は失われない。若い年代か
らの一生涯にわたる継続的な運動・トレーニングの実践が身近で重要な
健康づくりの方法であると言えるであろう。

参考文献

1) Powers SK and Howley ET：Exercise physiology：theory and application to fitness and performance. 2nd ed., Wm. C. Brown, Dubuque, pp146-148. 1994.

2) Peachey LD（日高徹訳）：バイオコア18　筋肉と運動性．化学同人，p32，1977.

3) Fox EL：Sports physiology. 2nd ed., Saunders College, pp110-111, 1984.

4) 福永哲夫：ヒトの絶対筋力—超音波による体肢組成・筋の分析—，杏林書院，p220, 1978.

5) Larsson L：Histochemical characteristics of human skeletal muscle during aging. Acta Physiol Scand 117：469-471, 1983.

6) 町田修一：サルコペニアの分子メカニズム．体育の科学61：49-55，2011.

7) 村上晴香：運動能力（筋力・筋パワーおよび持久的能力）と遺伝率．体育の科学61：441-445，2011.

8) Pitsiladis Y, et al.：Genomics of elite sporting performance：what little we know and necessary advances. Br J Sports Med 47：550-555, 2013.

9) Mills M, et al.：Differential expression of the actin-binding proteins, alpha-actinin-2 and -3, in different species：implications for the evolution of functional redundancy. Hum Mol Genet 10：1335-1346, 2001.

10) North KN, et al.：A common nonsense mutation results in alpha-actinin-3 deficiency in the general population. Nat Genet 21：353-354, 1999.

11) Yang N, et al.：The ACTN3 R577X polymorphism in East and West African athletes. Med Sci Sports Exerc 39：1985-1988, 2007.

12) Yang N, et al.：ACTN3 genotype is associated with human elite athletic performance. Am J Hum Genet 73：627-631, 2003.

学習課題

・筋線維組成とスポーツ競技種目との関連性についてまとめてみよう。
・筋力トレーニングに対する骨格筋の適応についてまとめてみよう。
・サルコペニアのメカニズムについてまとめてみよう。
・ACTN3遺伝子多型についてまとめてみよう。

12 | 認知機能と脳

本井ゆみ子

《**目標＆ポイント**》　認知機能は脳の様々な部分と関連している。本章では認知機能と関係が深い脳部位について概説した後，最も重要な認知機能である記憶と前頭連合野の機能について解説する。
《**キーワード**》　脳，認知機能，実行機能，記憶，前頭連合野，海馬

1. 認知機能の神経基盤

　脳は大脳，小脳，脳幹に分けられ，大脳神経系とは，生物が環境と作用するために発達した器官である。知的活動を主に担うのは大脳周辺に位置する大脳皮質であるが，本能，情動，記憶に関わるのは大脳辺縁系と呼ばれ大脳皮質の内側に局在している。

（1）大脳皮質

　大脳皮質は4つの葉（lobe）に分けられる（**図12-1**）。中心溝より前方が前頭葉であり，後方には頭頂葉および後頭葉がある。組織学的には，出生時にすでに完成されている第一次皮質領野と生後発達とともに形成される連合野に分けられる。前者に含まれる中心前回は，一次運動野であり，中心後回は，一次体性感覚野に相当する。これらの領域は感覚や運動に直結している。認知機能に関連するのは連合野であり，前頭葉に位置する前頭連合野，後方領域に位置する頭頂連合野，側頭連合野がある。最も大事な前頭連合野については次項に述べるが，頭頂連合野は視

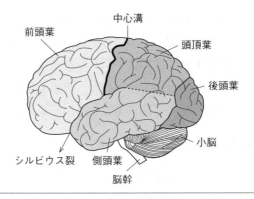

図 12-1　大脳の構造

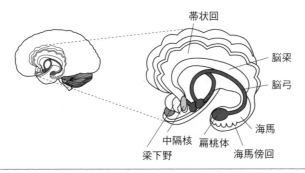

図 12-2　大脳辺縁系の構造（医療情報科学研究所編[1]より引用）

空間認知機能を，側頭連合野は形態，色彩の認知を担っている。認知症という疾患も後天的な疾患であることを反映し主に連合野が障害される。

（2）大脳辺縁系

　大脳辺縁系は大脳の内側部にあり，主な構成要素として，辺縁葉（梁下野，帯状回，海馬傍回），海馬，扁桃体，乳頭体，中隔核などがある（図12-2)[1]。大脳皮質を新皮質，辺縁系は旧皮質という。扁桃体はアーモン

ドの形に似ているため扁桃体と呼ばれる。扁桃体は，外界からの感覚情報に対して快・不快などの判断を行い喜怒哀楽などの感情的な反応を引き起こす情動の中枢である。海馬はギリシャ神話にでてくるヒポカンパスに似ていることから海馬と名付けられた。海馬と海馬傍回は脳内の情報が集まり，後述する記憶の形成に重要な役割を果たしている。

2. 神経細胞とグリア細胞

　神経系は，ニューロン（神経細胞）とそれを支持・保護しているグリア細胞（神経膠細胞）によって構成される。神経細胞は大脳（中枢）からの指令を末梢へ伝達したり，末梢からの感覚入力を大脳へ伝えたりする。神経細胞は細胞体，樹状突起，軸索の３つの構成成分に分けられる（図 12-3）[2]。神経細胞同士の接合はシナプスと呼ばれ神経伝達物質によって情報が伝えられてゆく。樹状突起や細胞体に存在するシナプスから受け取った情報は軸索を伝わり神経終末を介して次の神経細胞へ伝わってゆく。多くの場合，１つの神経細胞は，複数のシナプス前ニューロンから複数の神経細胞へ出力を行うことで複雑な神経細胞ネットワークを構築する。

　神経細胞が正常に機能するように保護したり栄養するのがグリア細胞

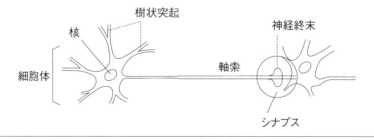

図 12-3　神経細胞（平野朝雄ら[2]をもとに作成）

であり，3 種存在する（**表 12-1**）。アストロサイトはその名のとおり，星状をなし，核のある部分から四方八方に突起を出している（**図 12-4**）[2]。その突

表 12-1　グリア細胞

・アストロサイト（星状膠細胞）
・オリゴデンドログリア（乏突起膠細胞）
・ミクログリア（小膠細胞）

起は血管周囲や脳表に到達しその表面を覆っている。また，アストロサイトは神経細胞の表面にも達しシナプスを取り囲んだり，内皮細胞が形成する血液脳関門（blood-brain barrier）の形成を補助したりしている。オリゴデンドログリアは軸索に巻き付き神経伝達促通に関わり，ミクログリアは免疫系の細胞である。

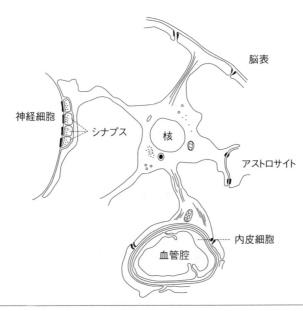

図 12-4　アストロサイト（平野朝雄ら[2] をもとに作成）

3. 記　憶

　情報が脳内に保存され，意識や行為の中で適切に利用される能力のことを記憶という。記憶は大まかに短期記憶と長期記憶とに分けられる。入力された感覚情報が，永続的な長期記憶になるまで，感覚記憶，短期記憶というプロセスをへる。長期記憶は記銘（入力情報を脳内で処理できる形に符号化する），保持（貯蔵する），想起（再生する）の3つの過程からなる（**図 12-5**）[1]。情報は，前述の海馬で一時的に保存された後，大脳新皮質へ送られて長期的に保存されると考えられている。

（1）エピソード記憶と意味記憶

　長期記憶は数種類あるが，大別すると陳述記憶とそれ以外の非陳述記憶とに分けられる（**図 12-6**）[1,3]。記憶の内容が意識にのぼって，言葉で述べることができるものが陳述記憶である。陳述記憶は主に個人の体験の記憶を指すエピソード記憶と事柄の記憶を指す意味記憶に分けられる。エピソード記憶は時間の流れに沿った記憶で，時間と場所によって規定される記憶である。例えば「今日の朝ごはんはパンと目玉焼きだった」

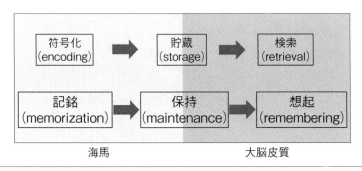

図 12-5　**記憶の処理過程**（医療情報科学研究所編[1] より引用）

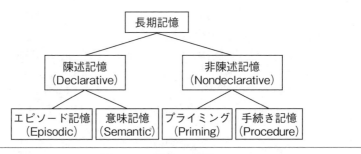

図 12-6　記憶の分類
（医療情報科学研究所編[1]，鹿島晴雄ら編[3] より引用，著者改変）

というような記憶であり，多くの場合，想起意識を伴う。意味記憶は学校で習う教科書的事実，知識，シンボルなどを指し，想起意識を伴わない。エピソード記憶は 1 回で記憶が形成される。一方，意味記憶は時間をおいて，数回繰り返した方が定着する。

　エピソード記憶には海馬が重要であることがわかっている。これは，60 年以上前の症例からわかってきた。1953 年，HM（HM は患者のイニシャルである）は 27 歳の時に側頭葉癲癇の治療のため，両側の海馬と周辺部位を切除された（**図 12-7**）[4]。すると，HM には重度の記憶障害が残った。それは新しい陳述記憶の形成ができなくなる障害であった。例えば，HM は漫画を読んでいた。面白かったみたいで結構笑っていた。ところが，読み終わって本を置いて 5 分くらいしたら，また同じ本を読み始めて，同じところでまた笑っていたそうである。どうやら HM は，2 回目に漫画を読んだときには，以前同じ漫画を読んだことがあるということをすっかり忘れていたそうである。これは，漫画を読んだというエピソード記憶を形成できないからだと考えられている。しかし，知能は正常であり，漫画を読むことはできる。そして，漫画の筋を理解するのに必要な程度の短期的な記憶には問題がなかったようである。このこ

226

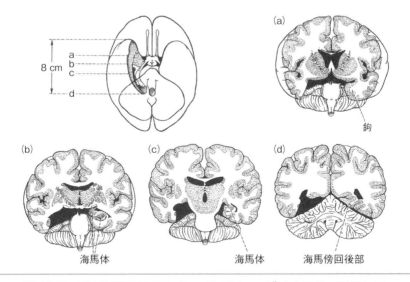

図 12-7　HM の脳損傷部位（Scoville WE. et al.[4] より引用，著者改変）

とから，HM の主要な障害は，新しいエピソード記憶が形成できないこ
とだと考えられた。このように，エピソード記憶は海馬の重要な機能で
あると考えられる。

（2）手続き記憶

　非陳述記憶の中で，スポーツや楽器の演奏といった，身体を動かすこ
とによって獲得していく運動やスキルに関する記憶は手続き記憶という
（**図 12-6**）[1,3]。その特徴は「繰り返しによって，なんらかの目標点に達
する速度が速まること，あるいは目標点に達するまでの運動パターンが
熟達してゆくこと」とされる。エピソード記憶は加齢や健忘症で衰えや
すいが手続き記憶は保たれやすい。例えば幼少時に自転車にのれる技能
を獲得していれば，数十年乗っていなくとも，自転車にのれるといった

ことである。

4.　前頭連合野に関連する認知機能

　前頭連合野はヒト大脳の約 30％を占め，判断，思考，言動，計画，注意，行動や感情の抑制などヒトが人間らしくあるために不可欠な領域である。本項では代表的な認知機能について述べる。

（1）遂行機能

　遂行機能とは目的を持った一連の活動を有効に成し遂げるために必要な機能であり，自ら目標を設定し，計画を立て，実際の行動を効果的に行う能力とされ，実行機能とも呼ばれる。前頭連合野の中でも背外側部（dorsolateral frontal cortex）との関連が深い。遂行機能には，①目標の設定，②プランニング，③計画の実行，④効果的な行動，という 4 つの要素が含まれる[3,5]。遂行機能が障害されると日常生活において料理の手順，銀行や郵便局の手続き，旅行日程の計画，仕事の能率などに影響がでてくる。

（2）作動記憶（ワーキングメモリー）

　作動記憶とは短期記憶の一種で，絶えず更新される情報を記憶し，しかも意識して能動的に記憶をするものをいう[1,3]。例えば，「作業記憶とは短期記憶の一種である」を黒板からノートに書き写す時に使う記憶である。すなわち，記憶情報を一時的な作業に用いるということで作業記憶または作動記憶と呼ばれている。重要なのは情報が更新されるという点である。例えば黒板に書かれる文章はいつも変わる。その場合，前に何が書かれていたかは忘れていいわけである。このような一時的な保持を作動記憶といい，主に前頭連合野と関係が深い。

（3）人　格

　前頭連合野は本能や情動を司る大脳辺縁系を制御し実際の行動を支配している。前頭連合野を損傷すると衝動的な行動を制御できなくなり，性格が一変してしまう。その一例として有名な例がフィニアス・ゲイジである[1,3]。ゲイジは25歳で鉄道工事の現場監督を務めた責任感のある人望の厚い好青年だった。1848年しかけたダイナマイトが爆発し，鉄棒がゲイジの前頭葉を貫通した。彼は一命をとりとめ，仕事に復帰したが事故後のゲイジは下品になり，無礼で，優柔不断になり，結局，現場監督を辞めざるを得なかった。周りの人は「もはや彼はゲイジではない」と言うようになった。その後，ゲイジは定職につけず，37歳で生涯を閉じたという。

5.　まとめ

　適応的な行動を生成するには，前頭連合野をはじめとした大脳皮質連合野や海馬などが必須である。神経細胞がシナプスを介して情報を伝えることによって脳は機能する。次章では，これらの脳領域に支えられる機能が加齢や認知症でどのように変化するかを解説する。

参考文献

1）医療情報科学研究所編：病気がみえる vol. 7—脳・神経—，メディックメディ
　ア．2011.
2）平野朝雄，富安斉：神経病理を学ぶ人のために 第 4 版，医学書院．2003.
3）鹿島晴雄，種村純編：よくわかる失語症と高次脳機能障害，永井書店．2003.
4）Scoville WE., Milner B.：Loss of recent memory after bilateral hippocampal
　lesions. J. Neurol. Neurosurg. Psychiatry 20：11, 1957.
5）Lezak et al.：Neuropsychological Assessment fourth edition. Oxford. 2004.

学習課題

・脳を構成する細胞の機能をまとめてみよう。
・エピソード記憶の例を考えてみよう。
・前頭連合野の機能をまとめてみよう。

13 | 加齢による脳の変化，認知症とその予防

本井ゆみ子

《目標＆ポイント》　認知症が今後ますます大きな社会問題となることは間違いない。そこで，加齢による脳の変化，認知症について概説した後，運動を含めたライフスタイルの改善による認知症の予防法について解説する。
《キーワード》　脳，加齢，認知症，海馬，食事，運動

---

1. 加齢と脳

　加齢によって感覚知覚が変化することがある。その多くは感覚器が加齢によって変化することによる。例えば，眼の水晶体の弾性が失われることで老眼が起き，内耳の有毛細胞が脱落することで難聴が起きる。ここでは感覚器の変化ではなく，脳の変化について概説する。

（1）加齢による脳の変化
　脳は，年齢によって状態が大きく変化する（図 13-1）[1]。最近，MRIで脳の体積を測定する技術が発達し，脳が年齢とともにどのように変化するのかが少しずつ理解されるようになってきた。それらの研究によると，20歳までは脳が大きくなるが，その後は年齢を重ねるとともに，脳が萎縮することもわかってきている。脳は一様に萎縮するのではない。加齢によって萎縮が進むのが前頭葉と海馬だといわれている（図 13-2）[2]。特に海馬は60歳を過ぎると年に1〜2％萎縮するといわれている。一方

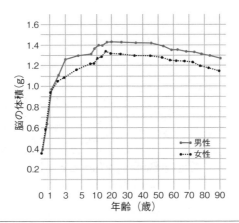

図 13-1　脳の大きさは年齢とともに変化する
（Purves D. et al.[1] より引用，筆者改変）

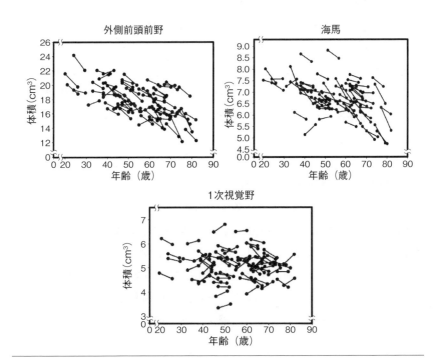

図 13-2　脳の特定の部位が加齢とともに萎縮する
（Raz N. et al.[2] より引用，筆者改変）

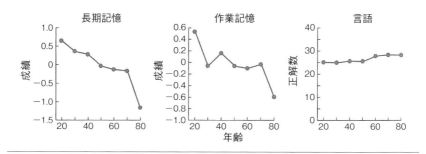

図 13-3　特定の認知機能が加齢とともに低下する
（Kandel ER. et al.[3] より）

で，なかなか萎縮しない場所もある。例えば，顔の処理をする紡錘状回の体積は加齢によって大きく萎縮しない。よって，前章で概説した認知機能に関連した脳領域が，加齢とともに萎縮しやすいということになる。

　脳機能も一様に低下するのではない。作業記憶やエピソード記憶などの長期記憶は加齢とともに悪くなるが，言語能力は保たれることが多いことが知られている（**図 13-3**）[3]。ただし，加齢による認知機能の低下は個人差が大きく，まだまだ大規模データは数少ないのが現状であり，多くの認知機能については年齢とともに機能がどのように変化するのかはわかっていない。

（2）加齢による脳内構造の変化

　加齢により脳内の神経細胞とグリア細胞の両方に変化が起こってくる。髄鞘は断片化してしまい，大脳の樹状突起の数や体積が減少しそれとともに，シナプスの機能が低下してくる（**図 13-4**）[3]。細胞レベルの変化は脳内ネットワークの障害をきたし認知機能に影響を及ぼしてくる。

　脳内には多くの物質が存在する。その多くが神経伝達物質として働くが，神経伝達物質も加齢とともに減少するものが多い。ドーパミン，ノ

ルエピネフリンといったモノアミンやアセチルコリンはシナプス減少とともに減少する。

2. 認知症

脳の萎縮が進むと，認知症という状態になる。これは社会的な大問題としてその理解，診断と治療の開発が急務である。

（1）認知症の分類

認知症には多くの種類がある（**図 13-5**）[4]。大まかには，神経細胞が変性することに起因するものと，脳梗塞などの脳血管性障害が

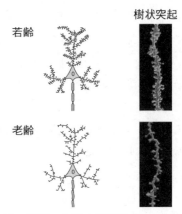

げっ歯類の大脳皮質神経細胞では加齢とともに樹状突起数は減少してゆく様子を示している。

図 13-4　加齢とともにシナプスは減少してゆく
（Kandel ER. et al.[3] より）

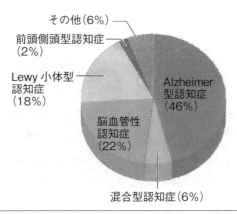

図 13-5　認知症の原因疾患（Akatsu H. et al.[4] より引用，筆者改変）

原因となるものとがある。日本では，神経変性疾患であるアルツハイマー病と脳血管性認知症が多く，その他は少ないとされていたが，最近ではレビー小体型認知症や前頭側頭型認知症などの神経変性疾患も注目を浴びてきている。

　認知症の研究で最も進んでいるのはアルツハイマー病の研究である。アルツハイマー病は記憶障害で発症することが多い。これと関連し，海馬が萎縮しているケースが多い（**図 13-6**）。また，アルツハイマー病の患者の病理標本を観察すると，老人斑と神経原線維変化とが特徴として現れる（**図 13-7**）。老人斑は神経細胞外にアミロイドベータ（Aβ）蛋白が凝集して沈着したものであるが，近年 Aβ 蛋白の産生や分解に関する研究が進み，前駆体蛋白を 42 番目のアミノ酸で切断して作られた Aβ42 が凝集しやすく，神経細胞内で蓄積するため，これがアルツハイマー病への進行に関与しているのではないかという考えが広まっている。さらに近年，Aβ がアルツハイマー病発症の数十年前から脳内に蓄積しているということが報告されている。これは，ポジトロン断層法（PET）を用いたアミロイドイメージングの発達によって可能になった（**図 13-8**）。

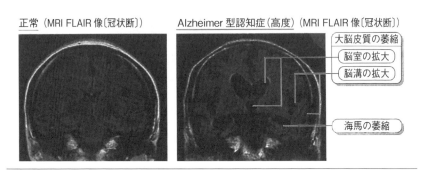

正常（MRI FLAIR 像〔冠状断〕）　　Alzheimer 型認知症（高度）（MRI FLAIR 像〔冠状断〕）

大脳皮質の萎縮
脳室の拡大
脳溝の拡大
海馬の萎縮

図 13-6　アルツハイマー病の MRI 画像
（医療情報科学研究所編[5]　より引用，筆者改変）

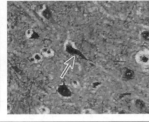

老人斑
● 神経細胞外にアミロイド β (Aβ) 蛋白が蓄積してできた，一見しみのような異常構造物

神経原線維変化
● 神経細胞内に過剰にリン酸化されたタウ蛋白が蓄積してできた異常線維構造

図 13-7　アルツハイマー病の病理（銀染色）
（医療情報科学研究所編[5] より引用）

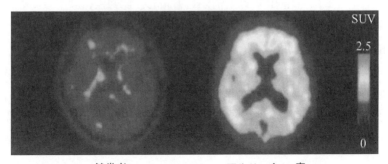

健常者　　　　　　　アルツハイマー病

図 13-8　アミロイド PET
（国立研究開発法人量子科学技術研究開発機構放射線医学総合研究所提供）

この画期的な画像診断のおかげでアルツハイマー病の発症前に Aβ が脳内にどの程度蓄積しているのかが評価できるようになった。この研究か

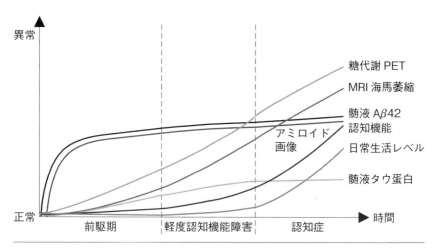

図 13-9　アルツハイマー病におけるバイオロジカルマーカーと症状の進行
(Aisen PS. et al.[6] より引用，筆者改変)

らアミロイドは発症 10 年以上前から蓄積し，認知症には至っていない軽度認知機能障害 (Mild Cognitive Impairment：MCI) の時期にもかなり，蓄積していることがわかってきた（**図 13-9**）。Aβ の蓄積とアルツハイマー病の発症との因果関係には不明な点があるものの，アミロイドイメージングはアルツハイマー病の早期発見の可能性を示してくれたのである。そこで，早期に何らかの介入をすることでアルツハイマー病を予防することや進行を食い止めることができるのかが研究の焦点となっている。

（2）認知症の治療

現在，アルツハイマー病の薬物治療として認可されているものは大きく 2 種類に分けられる。1 つ目はコリンエステラーゼ阻害薬，2 つ目は NMDA 受容体阻害薬である（**表 13-1**）。どちらもアルツハイマー病の診断がなされてから使用されるものであるが，残念ながら，劇的に病気の

表 13-1　アルツハイマー病の治療

一般名 （製品名）	ドネペジル （アリセプト）	リバスチグミン （イクセロン）	ガランタミン （レミニール）	メマンチン （メマリー）
作用機序	アセチルコリン エステラーゼ阻害	アセチルコリン エステラーゼ阻害 および ブチリルコリン エステラーゼ阻害	アセチルコリン エステラーゼ阻害 および ニコチン受容体 増強作用	NMDA 受容体 アンタゴニスト
アルツハイマー型 認知症の適応症	軽度から高度	軽度および中等度	軽度および中等度	中等度から高度
剤型	錠剤, 口腔内崩壊錠, 細粒剤, ゼリー剤	パッチ剤	錠剤, 口腔内崩壊錠, 経口液剤	錠剤
投与回数	1 日 1 回	1 日 1 回	1 日 2 回	1 日 1 回

進行を食い止めるものではなく，病気の進行を一定期間遅らせる対症療法である。

　現在，世界中で多くの薬物がアルツハイマー病の治療薬として承認を得られるよう，研究段階にある。その中で，早期介入によってアルツハイマー病を予防しようとする先端治療の試みも進行している。例えば，MCI や早期アルツハイマー型認知症患者を対象に，Aβ を抗体や酵素阻害剤で除去しようとする試みである。動物実験では成功している本療法は，ヒトでの治験では進行中である。そのため，Aβ の蓄積などを指標に，さらなる早期介入への挑戦も視野に入れ，研究が進行しており，今後が期待される。ただ，これらの試みの成果が出るにはまだまだ時間がかかることが予想される。

3. 認知症の予防と共生

（1）認知症のリスク因子

　薬物を使わずにライフスタイルの改善によって認知症を予防できるかが重要な論点になっている。これを考えるには，認知症のリスク因子を

考える必要がある。現在わかっている認知症のリスク因子としては，遺伝的な要因のほか，高血圧，難聴，喫煙，抑うつ，低運動，社会的接触の少なさ，糖尿病あるいはその前段階のメタボリックシンドロームがあげられる。さらに，2020年には過度のアルコール摂取，頭部外傷，大気汚染も追加され，これらを修正すると40%程度認知症の発症率を低下させることができる可能性があると報告された[7]。このように，認知症における生活習慣の重要性も取りざたされるようになり，ライフスタイル改善による認知症の予防に注目が集まっている。特に，運動，社会的な相互作用，食事などで加齢や認知症による認知機能低下を止めることはできるのか，という問題が多く調査され，多くの研究は発症のリスクを低下させるとしている。

（2）食事と認知症

　食事に関しては地中海式ダイエット（Mediterranean Diet）に関する多くの疫学研究が認知機能低下に良いと報告している。さらに，高血圧治療食（Dietary Approaches to Stop Hypertension [DASH]）が心血管病のリスクを軽減させるという点から両者をあわせたMINDダイエット（Mediterranean-DASH Intervention for Neurodegenerative Delay）が認知症予防に良いとモーリスらにより提唱された[8]。米国での大規模研究では50代から90代の約900例の参加者を4.5年間追跡し，食事に関するアンケートと認知機能テストを行った。脳に良いとされる15種の食材とバターなどの非健康的とされる5つの食材を点数化した。144例が4.5年間にアルツハイマー病を発症したが，この点数は発症低リスクと相関していた[8]。MINDダイエットは野菜，果物，オリーブオイル，ナッツなどから構成され，オレイン酸，カロテノイド，ポリフェノールなどを含む。これらは抗炎症作用や抗酸化作用とともに神経細胞やシナプス

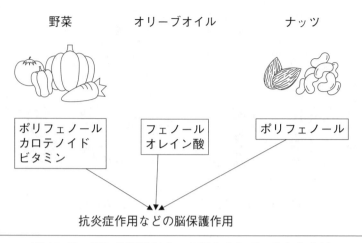

野菜　　　オリーブオイル　　　ナッツ

ポリフェノール
カロテノイド
ビタミン

フェノール
オレイン酸

ポリフェノール

抗炎症作用などの脳保護作用

図 13-10　認知症予防に良いと報告されている主な食材

に作用し脳保護効果を発揮すると考えらえている（**図 13-10**）。このように地中海式ダイエットや MIND ダイエットによって認知症の発症も抑えられる可能性はあるが，この点は未解決である。他にも様々な食事の成分が健康に良いとされ，認知機能への影響を検証しようとする研究は多くあるものの，効果的であるという確たる証拠が得られているものはまだない。

（3）運動と認知症

　1999 年の Nature 誌に有酸素運動をすると認知機能が改善するという論文が掲載された[9]。この研究では被験者を無作為に 2 群に分け，1 群は有酸素運動，もう 1 群はほとんど何もしないようにした。すると，有酸素運動をした群では，運動後に様々な認知機能課題を行った結果，スイッチ機能と行動抑制機能が良くなった（**図 13-11**）[9]。つまり，行動を切り替えるのにかかる時間，あるいは行動を止めるのにかかる時間が

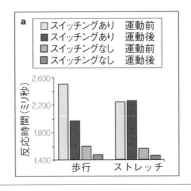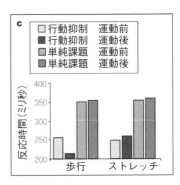

図 13-11　有酸素運動をすると認知機能が改善する
（Kramer AF. et al.[9] より引用，筆者改変）

短くなった，と報告されたのである。これらはおそらく前頭葉を使う実行機能である。この報告に後押しされ，運動が脳に良い影響を与えることが大きく取り上げられるようになった。ただ，この論文のデータの信ぴょう性を測ることは難しい。というのは，運動以外に認知機能改善に働いた可能性のある要因が多く，本当に運動が効果的だったかを検証するのが難しかったわけである。

　運動が脳に与える影響を画像で検証した試みもある。特に，有酸素運動をすると海馬の体積が増加するという報告がある（図 13-12）[10]。この研究では，被験者を無作為に2群に分けて，1つの群には有酸素運動，もう1群にはストレッチをさせた。これを半年間行ったところ，ストレッチ群は海馬体積が年1〜2%低下したのに対し，有酸素運動群では1〜2%増えた。一方で，他の脳部位では変化が見られなかった。正常老化では，海馬の体積が年に1〜2%低下するといわれているので，ストレッチ群はその程度海馬体積が減少している。一方で，有酸素運動をした群は逆に1〜2%体積が増えているので，老化を2年程度巻き戻した

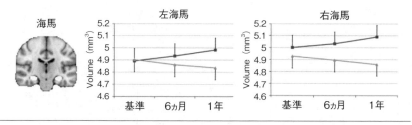

図 13-12　有酸素運動をすると海馬の体積が増加する
（Erickson KI. et al.[10] より引用，筆者改変）

状態になった，と著者たちは主張している。機序として血液中に運動後，脳由来神経成長因子という物質が増え，海馬の神経細胞新生を増加させたとしている。

　脳の神経細胞は基本的には生後新しく生まれない。しかし，海馬の神経細胞の中には，この原則とは異なり，新生するものがある。動物実験では運動によって海馬の神経細胞新生が活発化するという報告がある。ヒトでの運動による海馬の体積増加と関連しているかもしれない。

　疫学的にも，運動は認知症予防に最も多くのエビデンスがある。合計約 3 万 3 千人の正常被験者の結果と 7 つの前向き研究の結果をまとめた報告がある（**図 13-13**）[11]。それぞれの研究の参加者は，1 週間あたりの運動の頻度，強度，時間をアンケートによって質問され，高運動，中等度，低運動群に分類された。総合すると高運動群の参加者は低運動群の参加者に比較し 38％認知機能低下のリスクが少なかった。**図 13-13** は高運動群の認知機能低下についてのメタ解析の結果であり，ほとんどの研究ではリスク比が 1 以下であり，認知機能低下せず，認知機能維持を示していることがわかる。

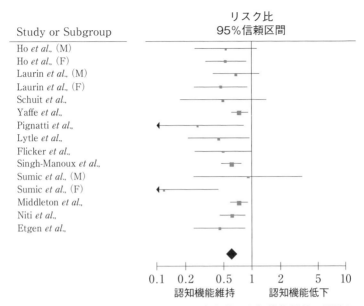

ほとんどの研究のリスク比は1以下であり，高運動が認知機能維持に関連していることを示している。

図 13-13　高レベルの運動を調査している研究のフォレストプロット
(Sofi F. et al.[11] をもとに作成)

4. まとめ

　高齢者では，加齢により前頭葉や海馬は萎縮する。認知症でも海馬が萎縮しているケースが多い。根本的な薬物療法はないが，ライフスタイルの改善で認知機能低下を予防できるという多くの研究があり[12]，高齢化社会の日本ではそれぞれの自治体で積極的な取り組みが行われている。

参考文献

1) Purves D. et al. : Neuroscience. Sinauer Associate. 2011.

2) Raz N. et al. : Regional brain changes in aging healthy adults : general trends, individual differences and modifier. Cereb Cortex 15 : 1676-1689. 2005.

3) Kandel ER. et al. : Principles of neural science sixth edition, McGraw Hill. 2021.

4) Akatsu H. et al. : Subtype analysis of neuropathologically diagnosed patients in a Japanese geriatric hospital. J Neurol Sci 196 : 63-69. 2002.

5) 医療情報科学研究所編：病気が見える vol. 7—脳・神経— 第2版，メディック メディア. 2011.

6) Aisen PS. et al. : Alzheimer's Dement 6 : 239-246. 2010.

7) Livingston G. et al. : Dementia prevention, intervention, and care : 2020 report of the Lancet Commission. The Lancet Commissions 396 : 413-446, 2020.

8) Morris MC. et al. : MIND diet associated with reduced incidence of Alzheimer's disease. Alzheimers Dement 11 (9) : 1007-1014, 2015.

9) Kramer AF. et al. : Aging, fitness and neurocognitive function. Nature 400 : 418-419, 1999.

10) Erickson KI. et al. : Exercise training increases size of hippocampus and improves memory. Proc Natl Acac Sci USA 108 : 3017-3022, 2011.

11) Sofi F. et al. : Physical activity and risk of cognitive decline: a meta-analysis of prospective studies. J Intern Med 269 (1) : 107-117, 2011.

12) Dhana K. et al. : Healthy lifestyle and the risk of Alzheimer dementia : findings from 2 longitudinal studies. Neurology 95 (4) : e374-e383, 2020.

244

学習課題

・脳構造の変化を捉える手法を復習しよう。

・加齢によって萎縮しやすい脳部位を復習しよう。

・アルツハイマー病の原因と思われる分子を2つあげてみよう。

・認知症のリスク因子をあげてみよう。

・運動が脳に与える影響について述べてみよう。

14 | 運動とがん

戸塚ゆ加里

《目標&ポイント》 がんは今や国民の2人に1人が罹る病気である。がんの原因を明らかにし，それらに対する予防法を見出し有効な予防対策を講じることは，国全体として戦略的に取り組むべき喫緊の課題である。がんは遺伝子の変異等が多段階的に蓄積することにより発生するが，これらの変異誘発および蓄積の要因（〝発がん要因〟）として，近年，肥満・糖尿病，運動不足等の生活習慣との関連が強く示唆されている。本章では，がんの発生と運動，および生活習慣との関係について理解してもらう。

《キーワード》 生活習慣，がん予防，運動，発がんメカニズム

1. 発がん要因と発がんメカニズム

（1） 発がんの原因となる外的および内的な環境要因

　発がん要因には環境中の変異原・がん原物質などの「外的環境要因（外的要因）」のほかに，体内で発生する酸化的ストレスなどの「内的環境要因」（狭義の内的要因）がある。「内的要因（広義）」としては，がんのなりやすさ（がんへの易罹患性）といった個々人の体質を規定する遺伝的要因も含まれるが，遺伝的要因については後ほど述べることとして本項では触れないこととする。

　Doll らが 1996 年に行った疫学的な解析の結果では，欧米人の発がんの原因としては，タバコが約 30%，成人期の食事や肥満約 30%，運動不足 5%，アルコール 3%となっており，生活習慣に関連するもの，いわゆる外的要因が約 70%と極めて多い。その他，職業環境，家族歴，性

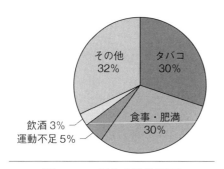

図 14-1　がんの発生要因
(Doll R, Peto R, The causes of cancer, 1981,
Harvard Report on Cancer Prevention, 1996)[1,2]

的行動などとなっている（**図 14-1**）[1,2]。発がんの要因としては前述した遺伝的要因（がんへの易罹患性）がかなり大きく寄与していると思われる方も多いと思うが，実はそんなに多くない。

北欧での一卵性および二卵性双生児を用いた疫学的な解析（Lichtenstein ら，2000）から，ヒトの多くのがんの発生には，遺伝的要因の寄与が約 30〜35％，環境要因の寄与が約 65〜70％であることが報告された（**表 14-1**）[3]。また，日系のハワイ移民では日本在住の日本人と比べて欧米型のがん（乳がんおよび大腸がん）の罹患率が高いことも報告されており，がん発生には遺

**表 14-1　ヒトがんの発生における環境およ
び遺伝的要因の寄与率**

部位	各要因の寄与率	
	遺伝的要因	環境要因
胃	0.28	0.72
結腸・直腸	0.35	0.65
膵	0.35	0.64
肺	0.26	0.74
乳腺	0.27	0.73
子宮（頸部）	0	1.00
膀胱	0.31	0.69
白血病	0.21	0.78

(Lichtenstein P. et al., N Engl J Med, 2000)[3]

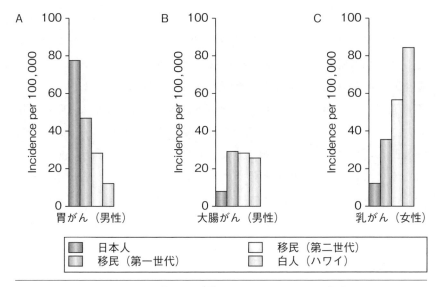

図 14-2　日系ハワイ移民におけるがんの罹患率
(Kolonel LN. et al., Nat Rev Cancer. 2004)[4]

伝的要因よりも外的要因の方が寄与が大きいことが示唆されている（**図 14-2**）[4]。井上ら（2012）は日本人の発がん要因に関する疫学的解析により，日本人男性の約 30％は喫煙が原因であり，次いで感染性要因が約 23％，飲酒が約 10％であることを報告した[5]。一方，日本人女性の場合は喫煙によるものは約 5％であるのに対し，感染性要因が約 20％，飲酒が約 2.5％であることを示した。これらの発がん要因以外には，過栄養や肥満，糖尿病，高脂血症，運動不足等の生活習慣（病）に関わるものが多くあげられている。その他，アスベスト（中皮腫）やカビ毒の一種であるアフラトキシン B1（肝臓がん），放射線（白血病や甲状腺がん等），紫外線（皮膚がん）などが典型的な外的発がん要因として知られている。

　内的な環境要因（狭義）としてよく知られているのが，酸化ストレス，炎症性サイトカイン，脂肪細胞性サイトカイン，ホルモン等である。ヒトが酸素を使った代謝経路（TCAサイクル）によりエネルギーを産生している以上，活性化された酸素分子による酸化ストレスの発生は不可避である。哺乳動物細胞は酸化ストレスにより発生したDNAの傷に対しても効率よく修復する機能を備えているが，酸化ストレスの発生が極端に増加する状況で修復機能よりもダメージの発生数が上回るようになると酸化的DNA損傷としてゲノム中に残ることになる。ホルモンなども細胞の増殖を促進し代謝を活性化することにより，DNA傷害の発生原因となることが示唆されている。

（2）変異導入のメカニズム

　環境中に存在する変異原・がん原物質が私たちの生体内，ひいては細胞内に取り込まれ，遺伝子の構成成分であるDNAがこれら物質に曝されると，DNA中の4つの塩基（アデニン（A），グアニン（G），シトシン（C），チミン（T））が化学的に修飾される。これが「DNAの傷（DNA付加体)」である。これらDNAの傷のほとんどは細胞が本来有するDNA損傷の修復機構により修復されるが，一部の傷がごく稀に修復されないで残ることがある。傷が修復されない状態で次の細胞分裂（DNA複製）が起きると，DNAが自己複製して自身のコピーである相補DNA鎖を作る際に，DNA塩基の本来のペアリングであるAとT，あるいは，GとCの組み合わせ以外の間違ったペアリング（例えば，AとG，CとT等のペアリング）が生じることになる（図14-3）。これらの間違ったペアリングが原因となり，DNA複製時に本来のDNA配列の一部に塩基の異常（変異）が生じることになる。また，変異原物質により修飾されたヌクレオチドが細胞内のヌクレオチドプール中に存在することにより，ゲ

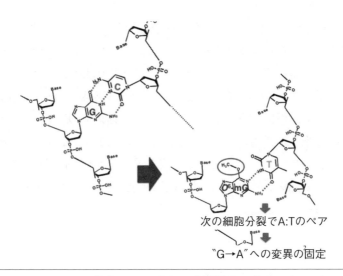

次の細胞分裂でA:Tのペア

"G→A"への変異の固定

図 14-3　DNA 損傷による遺伝子変異導入の基本メカニズム

ノム変異を誘発することも知られている。一方，DNA 複製に関わる
DNA 合成酵素の特性としての不正確さ（読み間違い）により生ずる変
異もある。DNA 複製に関与する合成酵素はかなり正確な読み取りを行
い，同時に間違いを修正（校正）する能力も有しているが，ごく稀に間
違いが発生するわけである。しかしながらこの変異頻度は一般に極めて
低頻度であり，変異が校正（修正）されずに残ったとしても，DNA 修
復機構により多くの傷は細胞内の DNA 損傷修復酵素により治される。
一般にヒトの細胞には細胞 1 個あたり 1 日に数万カ所の変異が誘導され
るといわれているが，これらの傷は細胞内の修復機能により修正される
ことによりほとんど傷として残らない。ごく一部の傷が修復機能から逃
れてゲノム中に固定されることになる。
　酸化ストレスやアルキル化剤による傷は 8-ヒドロキシデオキシグア
ノシン（8-OH-dG）や O^6-メチルデオキシグアノシン（O^6-Me-dG）の

ように比較的小さな分子による化学的な修飾だが，タバコの煙やカビ毒，焼け焦げなどに存在する変異原物質による DNA 修飾は比較的分子量の大きな化学物質によるものが多く，DNA の複製自体が完全に止まると考えられている。この際には，通常の DNA 複製酵素（DNA ポリメラーゼ）ではなく，損傷を認識してその傷を乗り越えて DNA を複製しようとする損傷乗り越え型の DNA 複製酵素（TLS DNA ポリメラーゼ）により複製が起きることがある。この TLS 酵素は比較的間違いを起こしやすい DNA 複製酵素であり，これらも DNA に変異を誘導するメカニズムの一つになっている。

（3）発がんまでの多段階プロセス

　Armitage と Doll らは，がんによる死亡率と年齢との関係を数理学的に解析することにより，多くの臓器においてがんの発生は約 7 段階の遺伝子変異の蓄積により発生するとの説を提唱した（〝多段階仮説〞；1954年）。この説には，遺伝子変異がほぼ一定の割合で導入されるという仮定がなされているものの，年齢とがん死亡率との関係は様々な国の多くのがん種においてほぼ共通に認められる傾向にある。実際に，1990 年代に Vogelstein らにより提唱された大腸がんの多段階発がんモデルにおいても，正常の大腸上皮から浸潤性の大腸がんの発生までには，数段階に及ぶ異型病変の出現が認められている。さらに，*APC* 遺伝子に始まり，*K-RAS, SMAD4/DPC4, DCC, p53* などの遺伝子に段階的に変異が生じることが知られており，Armitage と Doll のモデルとも大きく隔たるものではないことがわかっている。一方，これまでの多くの基礎的研究の成果により，がんは遺伝子変異（ジェネティックな異常；DNA 塩基配列の変化を伴う）のみならず，DNA のメチル化等の変化がもたらす遺伝子発現異常（エピジェネティックな異常；DNA 塩基配列の変化を伴わな

い）が多段階的に蓄積することにより発生することも明らかになっている。

　がんの発生においては，これらのジェネティック／エピジェネティックな異常がどのような原因物質により導入されるのかということが問題である。

①ジェネティックな異常導入の要因

　ジェネティックな異常に関しては，現時点で原因となる物質とそれらに特有な遺伝子変異のパターンというものはほとんど解明されていない。だが，一部の発がん物質では，それらに特徴的な変異パターンの存在も知られている。例えば，カビ毒の一種であるアフラトキシン B1（AFB1）により誘発される肝臓がんでは，p53 遺伝子のコドン 249 番目に G→T（AGG→AGT）の変異が誘発されることが知られている。AFB1 は，肝臓の代謝酵素であるチトクローム P450 で代謝され，エキソ-8, 9-エポキサイド体に変換された後に，DNA 中のグアニン塩基の N7 位と結合し付加体（AFB1-N7-dG）を形成し，前述した p53 遺伝子の変異を誘発することでヒト肝がん発症に関わることが知られている。また，バルカン腎症の原因物質として知られるアリストロキア酸で誘発される特徴的な変異パターンは A→T であり，これはアリストロキア酸の dA 付加体（AL-dA）により誘発されていることが明らかにされている。また，タバコ中に存在する多環芳香族炭化水素であるベンゾ（a）ピレンや加熱食品中に存在するヘテロサイクリックアミンである PhIP などは主に G→T の変異を誘発し，抗がん剤として使用されるアルキル化剤などは G→A の変異を誘発することが特徴的として知られている。最近，次世代シークエンサーを用いた大規模なゲノム解析の発展により，遺伝子変異のパターンを変異塩基を中心として連続した 3 塩基の変異パターンとして捉える手法が報告された。これを変異シグネチャーと呼んでおり，

現在までに，40種もの異なった腫瘍ゲノムデータを横断的に解析し，95パターンに分類している[6]。これら95種類の変異シグネチャーは複数の腫瘍にまたがって観察され，また，1つの腫瘍サンプルは複数の変異シグネチャーで構成されることも多々ある。先にも触れたように，アリストロキア酸の曝露により発症した尿路上皮がんではA→T変異（特にCpTpG→CpApG）が顕著に蓄積している変異シグネチャー（Signature 22）を示しており，このパターンはアリストリキア酸を曝露したマウス胎児由来の繊維芽細胞の全エクソン解析により得られた変異シグネチャーと非常によく似たシグネチャーを示すことが報告されている（**図14-4**)[7]。同様に，タバコにより誘発される腫瘍では，C→Aへの変異パターンが多い変異シグネチャー（Signature 4）を示し，このパターンはタバコの成分であるベンゾ（a）ピレンを曝露したマウス胎児由来の繊維

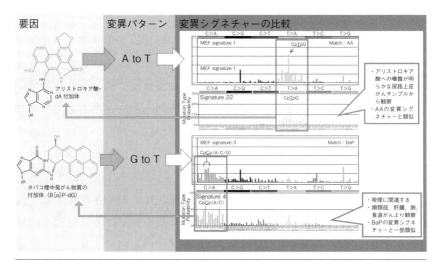

図14-4　化学物質に由来する変異シグネチャーとヒト腫瘍に観察された異変シグネチャーの比較（Olivier M. et al., Scientific Reports, 2014.）[7]

芽細胞の全エクソン解析により得られた変異シグネチャーと非常によく
似たシグネチャーを示すことが報告されている（**図 14-4**）。このことは，
変異原物質により誘導される変異では，原因物質ごとにある程度特徴的
なパターンを示すことを示唆しているが，未だその詳細については解明
されていない。今後の研究により，それぞれの発がん要因に特徴的な変
異パターンが明らかにされ，逆に，特徴的な変異パターンから，変異導
入の原因となった物質が特定できるような時代が訪れることが期待される。

②エピジェネティックな異常導入の要因

　細菌やウイルス感染などによる炎症がエピジェネティックな異常を導
入することが知られている。特に，ヘリコバクター・ピロリ菌や EB ウ
イルスなどの感染により，胃粘膜上に複数のエピジェネティックな異常
が蓄積し，胃発がんに関わることが示唆されている[8]。また，肥満など
により蓄積した脂肪細胞中のマクロファージから分泌される microRNA
（非タンパク質コーディング RNA）を介してインスリンシグナル伝達の
阻害を誘発し，様々ながんの発生に寄与することも示唆されている[9]。

（4）遺伝的発がん要因（広義の内的要因）

　先述した北欧での疫学的な解析により，遺伝的な要因もがん発生の要
因として 3 割程度の寄与があることがわかっている。遺伝的要因の代表
的なものとしては，所謂，遺伝性がんの原因遺伝子として同定された
APC 遺伝子（家族性大腸腺腫症；FAP），ミスマッチ修復遺伝子（遺伝
性非ポリポーシス大腸がん；HNPCC），*BRCA1/2* 遺伝子（遺伝性乳が
ん・卵巣がん；HBOC），*RB* 遺伝子（遺伝性網膜芽腫）などがあげられ
るが，このような遺伝性がんはそれぞれのがん腫において，たかだか数%
程度と極めて低頻度である。

　遺伝性がんのように単一の遺伝子ががんの易罹患性を規定するという

よりも，家族内集積性の高いがんの場合では，複数の遺伝子の複合的な作用で遺伝的要因を決定する特徴を持つ。このように発がんに対する易罹患性が複数の遺伝子で制御されている場合には，多数のがん患者集団を用いた全ゲノム領域の関連解析（genome wide association study；GWAS）が必要となる。これまでに世界中で多くのがん腫に対してGWAS解析がなされ，易罹患性を規定する候補遺伝子が同定されている。例えば，日本人の喫煙による肺がんリスクを増大させる遺伝要因として，アセトアルデヒド脱水素酵素（ALDH2）遺伝子の多型が同定されている。つまり，この遺伝的要因を持った人では，タバコ煙中に含まれるアセトアルデヒドがこの酵素により分解されず，肺がんが誘発されやすいと考えられている。また，日本人の肺腺がんの発生に関しては，*TERT*，*TP63*，*BPTF*，*BTNL2* の4つの遺伝子が重要な役割を果たしていることが複数のGWAS研究で示されている[10]。これらの候補遺伝子によるリスク評価の定量的指標の開発，発がん高リスク群の捕捉，および，これらに基づいた積極的な予防介入研究などは今後取り組むべき課題となっている。

2. 生活習慣とがん

（1）がん発生要因としての生活習慣

　前述したように，Doll らが1996年に行った疫学的な解析の結果では，欧米人の発がんの原因としては，タバコが約30％，成人期の食事や肥満約30％，運動不足5％，アルコール3％となっている。生活習慣に関連するものが約70％と極めて多い。その他，職業環境，家族歴，性的行動などとなっている。一方，日本では前述した2012年の井上らの報告によると，喫煙による発がんは男性で約30％，女性で約5％，飲酒は男性約10％，女性2.5％となっている。そのほか，生活習慣に関係する発がん

要因としては，過体重（男性：女性＝0.8%，1.6%），果物摂取不足（男性：女性＝0.7%，0.8%），野菜摂取不足（男性：女性＝0.7%，0.4%），運動不足（男性：女性＝0.3%，0.6%）となっている。欧米と比較し，日本では感染症に起因するがんの発生が多く，肥満・糖尿病等の生活習慣に関連したがんの発生は比較的少ないと見積もられているが，それでも生活習慣によるがんの発生は一定の割合を占めていることがわかる。その他，カロリー摂取不足ががん化を抑制することも知られている。

　これらの生活習慣関連要因に加え，最近，糖尿病とがんとの関連が指摘されている。最近の日本人における疫学的な解析から，糖尿病患者では全がんのリスクが1.2倍増加することがわかった。特に，肝臓がんや膵臓がんおよび卵巣がんは健常人の約2倍，大腸がんも約1.4倍増加することが示されている[11]。

（2）糖尿病とがん

　糖尿病に付随する病的状態ががん発症の要因として関与することが知られている。糖尿病に付随する病的状態としては，（A）高インスリン血症（insulin および IGF シグナル），（B）高血糖状態（体細胞遺伝子修飾・変異への影響）とそれに起因した酸化ストレス亢進，（C）免疫力低下・慢性炎症，腫瘍免疫の低下，酸化ストレス等が知られている。このうち，高インスリン血症および免疫力低下・慢性炎症に関しては，後述する肥満とがんの関係の項に記載するので，そちらを参照されたい。高血糖状態がもたらす酸化ストレスの亢進に関しては，高脂肪血症や高血糖によりミトコンドリア由来の活性酸素等のオキシゲンラジカルの上昇が知られている。

　その他，高血糖状態は様々な DNA 損傷を引き起こす可能性が示唆されている。高血糖状態はタンパク質や脂質に対する糖化修飾により AGE

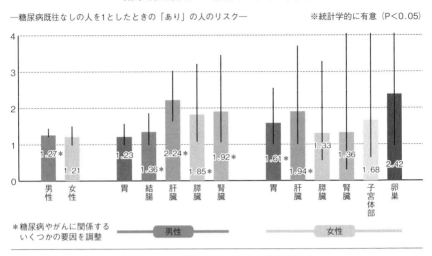

図 14-5　糖尿病とがんとの関連

（国立研究開発法人 国立がん研究センター　多目的コホート研究 中央研究事務局「多目的コホート研究の成果パンフレット 2016 年 12 月」）[11]

（advanced glycation end product）を産生する。AGE は AGE 受容体（RAGE）との結合を介して NF-kB 等のシグナルを活性化するとともに活性酸素種の産生亢進も引き起こすことが知られている。

（3）肥満とがん

　運動は適正体重を維持するために有用であるが，現代社会においては生活サイクルの中に運動を行う時間を見出すのが困難であり，そのため摂取カロリーが消費カロリーを上回り，肥満状態を来たすことも少なくないと思われる。国立がん研究センターのがん対策研究所・予防研究グループの研究によると，男女共に肥満度の指標である BMI（Body Mass Index）が低い場合と高い場合でがんによる死亡のリスクが高くなること

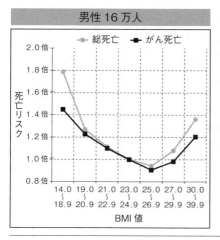 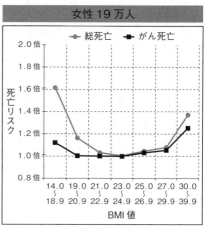

図 14-6　BMI 値と死亡リスクとの関連
（国立がん研究センターがん情報サービスホームページより）

が示されている（**図 14-6**）。すなわち，太りすぎや痩せすぎでがんによる死亡リスクが高くなると報告されている。肥満状態でリスクが上昇するがん種としては，大腸がん，乳がん，前立腺がん，肝細胞がんなどがあげられている。

　肥満による発がんメカニズムとして知られているものを以下に示す。

①インスリン抵抗性の誘導

　肥満はインスリン抵抗性を誘導し，血中のインスリンおよびインスリン様成長因子 -1（IGF-1）値を上昇させる。これらはがん細胞の増大を促す作用を持つことが知られている。また，最近，インスリンは NADPH オキシダーゼ（NOX）を活性化させることも報告された。NOX は活性酸素種であるスーパーオキシドと過酸化水素を産生し，腫瘍形成や悪性度を促進する作用があることが報告されている。

②内臓脂肪の蓄積

　肥満により肥大した脂肪細胞から脂肪性サイトカイン（アディポサイトカイン；MCP-1）が産生され，活性化マクロファージを刺激し，活性酸素種（ROS）や炎症性サイトカイン（TNF-α）の放出を促し，慢性的な炎症状態を形成すると考えられている。

③アディポサイトカインの産生バランスの破綻

　肥満により脂肪組織の増加（特に，内臓脂肪の増加）が起こると，脂肪性サイトカインの分泌異常がもたらされる。代表的な脂肪性サイトカインとしては，アディポネクチンやレプチン等があげられる。前者は，内臓脂肪の増加により分泌が低下し，血中濃度も下がることが知られている。アディポネクチンは，アディポネクチン受容体を介してAMP活性化プロテインキナーゼ（AMPK）の活性を亢進させ，効率的なエネルギー消費を始動することが知られているが，アディポネクチンの発現低下はAMPKの発現を抑制し，細胞死誘導の低下やインスリン抵抗性に関わる因子であるplasminogen activator inhibitor-1（PAI-1）の発現亢進をもたらすことがわかってきた。さらに，アディポネクチンの発現低下は脂質代謝に関わるPPARの不活化を介して慢性炎症などを惹起することで，結果的に各種がんの進展を促進していることが示唆されている。

④腸内細菌叢の変化

　肥満病態と健常者では腸内細菌叢が異なることが知られている。また，無菌的に飼育した腸内細菌のいない実験動物（germ free）では，大腸腺がんなどの発生が起きにくいことも報告されており，腸内細菌叢はがんの発生に大きく関与していることが知られている。最近，肥満病態モデルマウスの糞便中に存在する腸内細菌を次世代シークエンサーにより解析したところ，ある種のグラム陽性菌が増加していることが明らかになった。その後のメタボローム解析により，これらグラム陽性菌の代謝

物である，二次胆汁酸のデオキシコール酸（DCA）が増加していること
が見出され，この DCA が肝臓中の肝星細胞に細胞老化を誘発し，がん
の発生を促進していることが報告された[12]。実際に，ヒトにおいても高
脂肪食の摂取などにより糞便中の DCA 濃度が上昇することが報告され
ており，このようなことから，DCA の産生増加に伴う肝がんの発生促進
がヒト肝発がんの発生にも関与している可能性が示唆されている。

⑤**性ステロイドホルモンへの影響**

　肥満病態では脂肪組織においてアロマターゼ活性を亢進させることに
より女性ホルモンであるエストラジオールの産生を増加させる。これが，
閉経後の乳がん発症を促していると考えられている。

3. 運動とがん

（1）運動ホルミシス

　一般的に運動（身体活動）は身体に良いと考えられているが，激しい
運動をすることで過剰の酸素を摂取することに繋がり，その結果，ミト
コンドリアの電子伝達系や ATP の消費を介した ROS の産生を増やし，
生体に有害な影響を及ぼすことも指摘されている。事実，動けなくなる
ほど激しいランニングをさせたラットの骨格筋，肝臓および肺には酸化
ストレスのマーカーである脂質過酸化や酸化修飾タンパク質が亢進する
ことが報告されている[13, 14]。つまり，過剰の運動は身体に有害な酸化ス
トレスを増加させ，細胞や組織傷害だけでなく，遺伝子変異の基となる
DNA 損傷も誘発することが示唆され，発がんのリスクとなりうるとも
考えられる。これに対し，酸化ストレスを過度に増加させない程度の適
度な運動習慣は，抗酸化酵素の誘導や活性化を促し，結果として酸化傷
害が軽減されることが報告されている。例えば，1 日 10 分のランニン
グ運動を週 5 回，8 週間させたラットでは，ランニング運動をさせな

かったグループに比べ，肝臓中の ROS 産生レベルの低下および脂質過酸化物質であるマロンジアルデヒド（MDA）や 4-ヒドロキシノネナール（4-HNE）が減少する傾向が観察されている。また，酸化ストレスの指標として知られる，還元型グルタチオン（GSH）/酸化型グルタチオン（GSSG）の比率にも影響を及ぼすことも報告されている[15]。一方，同様の運動負荷を与えたラットの骨格筋や肝臓では，酸化型 DNA（8-OH-dG）のレベルが減少し，8-OH-dG 修復に関わる修復酵素（OGG1）の活性が上昇していることも報告されている[15,16]。このように，適度な運動習慣により産生する ROS が生体内の抗酸化機能を亢進させ，酸化ストレスに対する耐性を獲得する結果，がんを含む様々な疾患のリスクを軽減させていると考えられる。事実，国立がん研究センターの研究では，男女共に身体活動量が高い人では，がんに罹るリスクが低下すると報告されている。部位別にみた場合では，男性では，肝がん，結腸がん，膵がん，女性では胃がんのリスクがはっきりと低下していた[11]。前述したように，運動は激しく行えば身体に有害となる可能性があるが，適度に行うことで酸化ストレスへの適応性を促し，身体にとって有益になる。このような用量反応関係が 2 相性になる現象から，最近では〝運動ホルミシス〟という概念が提唱されている[17]。

（2）運動負荷による AMPK およびその下流のシグナル経路の活性化

　適度な運動負荷により，肝臓・筋肉・脂肪組織・膵臓等に多く含まれる AMP 活性化プロテインキナーゼ（AMPK）が活性化される。AMPK はセリン・スレオニン酸化酵素の一種であり，細胞内エネルギーセンサーとして重要な役割を担っている。つまり，AMPK は細胞内エネルギーである ATP（アデノシン-3-リン酸）減少を感知して活性化され，糖，脂肪，タンパク質の合成を抑制し，糖，脂肪，タンパク質の分解を

亢進して ATP のレベルを回復させる働きをする。この作用により，イ
ンスリンや IGF-1 の分泌量を低下させることが知られている。さらに，
AMPK の活性化により，細胞成長因子である mTOR の機能が抑制され
る。その結果，タンパク質の翻訳が抑制されることにより細胞増殖が抑
えられる。加えて，AMPK の活性化は，HER2 や HER2 protein kinase
を抑制して下流へのシグナルを阻止することや，VEGF の発現を低下さ
せ血管新生を抑制する作用などが知られている。

（3）アディポネクチン受容体を介するシグナルの関与

運動により内臓脂肪の量が減少し，その結果，様々な脂肪性サイトカ
インの分泌量に影響がでることが想定される。アディポネクチンの分泌
増加は，アディポネクチン受容体 1 を介して AMPK を活性化して
mTOR シグナル経路の抑制を引き起こすことにより，細胞増殖に抑制的
な作用を発揮することが予想される。一方で，アディポネクチン受容体
2 を介するシグナル経路については，PPAR 系（特に，PPARα）の活性
化を介して発がん抑制的に作用することが想定される。

（4）運動による相対的な摂取カロリー制限

運動はカロリー制限とも密接に関係すると考えられる。発がん物質で
ある AOM 誘発大腸がんモデルや DMAB 誘発乳腺発がんモデルにおい
て，摂取カロリーの制限は有意に発がん性を抑制することが知られてい
る。その他，カロリー制限は肺がん，膵臓がん，肝臓がん，脳腫瘍，前
立腺がん等の発生を有意に減少させることがわかっている（**図 14-7**）[18]。

逆に，高脂肪食等による過剰なカロリー摂取では乳腺発がんの促進効
果があることが知られている。過剰なカロリー摂取は酸化ストレスの上
昇による DNA 損傷の誘発や細胞増殖の促進を引き起こすことにより，

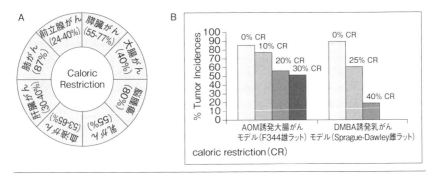

図14-7　カロリー制限による発がんの抑制効果（動物モデル）
（Pallavi R. et al., Frontiers in Physiology, 318（3）：1-10 より引用転載）[18]

がん化に対して促進的な働きを有することが想定される。

4. まとめ

　現在，日本では約100万人の新たながん患者が発生している。今後は，日本社会の超高齢化に伴い，さらに増加の傾向にあり，2039年までにがん罹患率では男性で13%，女性で29%増加することが想定されている（国立がん研究センター　がん対策研究所　予防関連プロジェクト https://epi.ncc.go.jp/paf/evaluation/7956.html〈2023年7月〉）。現在，がんに対しては個々のがんの特性を踏まえた患者に優しい個別化医療の実現を目指した取り組みがなされており，がんの5年生存率も確実に改善されているものの，増え続けるがん発生数を積極的に抑えるための国家レベルでの効率的な予防策を講じる必要がある。がんを効果的に予防するためには，まずはその原因を明らかにし，それらの原因に適応した予防法を実践することである。近年の生活習慣と関連したがんの増加に対して，運動による発がんへの影響のメカニズムを解明し，適切な運動介入と創薬による補完的な先制医療の実現を目指す必要がある。

参考文献

1) Doll R, Peto R (eds)：The causes of cancer, Oxford University Press, Oxford, 1981.

2) Harvard Report on Cancer Prevention. Volume 1：Causes of human cancer. Cancer Causes Control 7 (Suppl 1)：S3-S9, 1996.

3) Lichtenstein P. et al.：Environmental and heritable factors in the causation of cancer—analyses of cohorts of twins from Sweden, Denmark, and Finland. N Engl J Med 343 (2)：78-85, 2000.

4) Kolonel LN. et al.：The multiethnic cohort study: exploring genes, lifestyle and cancer risk. Nat Rev Cancer 4 (7)：519-527, 2004.

5) Inoue M. et al.：Attributable causes of cancer in Japan in 2005—systematic assessment to estimate current burden of cancer attributable to known preventable risk factors in Japan. Ann Oncol 23 (5)：1362-1369, 2012.

6) COSMIC (Catalogue Of Somatic Mutations In Cancer) data base. http://cancer.sanger.ac.uk/signatures〈2023 年 7 月〉

7) Olivier M. et al.：Modelling mutational landscapes of human cancers *in vitro*. Scientific Reports 4：4482, 2014.

8) Maeda M, et al.：Mechanisms for the induction of gastric cancer by Helicobacter pylori infection：aberrant DNA methylation pathway. Gastric Cancer 20：8-15, 2017.

9) Ying W. et al.：Adipose Tissue Macrophage-Derived Exosomal miRNAs Can Modulate In Vivo and In Vitro Insulin Sensitivity. Cell 171：372-384, 2017.

10) 河野隆志：肺がんのゲノム生物学, 疫学. 肺癌 57：710-713, 2017.

11) 国立研究開発法人 国立がん研究センター　多目的コホート研究 中央研究事務局：多目的コホート研究の成果パンフレット 2016 年 12 月. https://epi.ncc.go.jp/files/01_jphc/archives/JPHCpamphlet201612-4.pdf〈2023 年 7 月〉

12) Yoshimoto S. et al.：Obesity-induced gut microbial metabolite promotes liver cancer through senescence secretome. Nature 499：97-101, 2013.

13) Davies KJ. et al.：Free radicals and tissue damage produced by exercise. Biochem Biophys Res Commun 107：1198-1205, 1982.

14) Radák Z. et al.：A period of anaerobic exercise increases the accumulation of reactive carbonyl derivatives in the lungs of rats. Pflüger Arch Eur J Physiol 435：439-441, 1998.

15) Radák Z. et al.：Age-associated increase in oxidative stress and nuclear factor κB activation are attenuated in rat liver by regular exercise. FASEB J 18：749-750, 2004.

16) Nakamoto H. et al.：Regular exercise reduces 8-oxodG in the nuclear and mitochondrial DNA and modulates the DNA repair activity in the liver of old rats. Exp. Gerontol 42：287-295, 2007.

17) 後藤佐多良：運動ホルミシスと抗老化. 基礎老化研究 31（4）：7-11, 2007.

18) Pallavi R. et al.：Insights into the beneficial effect of caloric/dietary restriction for a healthy and prolonged life. Frontiers in Physiology 318（3）：1-10, 2012.

学習課題

・発がんの要因となるものは何か調べてみよう。

・発がんのメカニズムについて確認してみよう。

・がんにならないための有効な方法は何か考えてみよう。

15 子どもの体力・運動能力の現状と その課題

内藤久士

《目標＆ポイント》 子どもの頃から運動やスポーツに親しみ，体を動かす習慣を身につけることは，大人になってからの運動習慣や体力にも良い影響を与え，肥満，高脂血症，糖尿病，高血圧症，心臓病，がん，ロコモなどの発症リスクの抑制に貢献すると考えられる。このことは，医療費や介護に要する費用の高騰を抑え，社会全体の活力にも大きな影響を及ぼす。本章では，これまで蓄積されてきた体力・運動能力に関する調査データに基づいて，特に子どもの体力・運動能力の現状とその課題を理解し，この課題解決に向けた取り組みの在り方についても考える。
《キーワード》 体力・運動能力調査，幼児期運動指針，運動習慣，身体活動，スポーツ基本計画

1. 日本における体力・運動能力の長期的な変化

　昭和39（1964）年より毎年，文部省，文部科学省，スポーツ庁によって体力・運動能力調査が実施されている。これまで約60年の間に，対象となる年齢やテスト項目の見直しや変更が幾度かなされてはいるが，いくつかのテスト項目は継続されている。この累積データから，小学生以上の青少年の体力・運動能力の長期的な変化を見てみると，ほとんどのテスト項目で調査が開催された昭和39（1964）年頃から昭和60（1985）年頃にかけて記録は向上していたが，その後の約10年間にわたり急激に低下し，最近では一部のテスト項目で向上傾向がうかがえるものの依

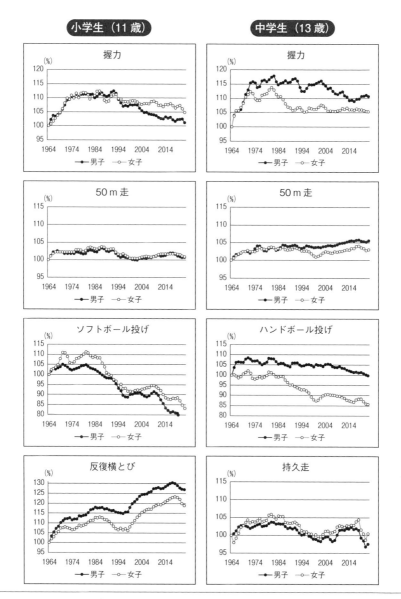

図 15-1　小学生および中学生の体力・運動能力の長期的な変化
（スポーツ庁「体力・運動能力調査報告書」[1]より作図）

　昭和 39（1964）年度の記録（平均値）を「100」とし，各年度の記録（平均値）を相対値で示している。図は 3 年ごとの移動平均値を用いて作成してある。

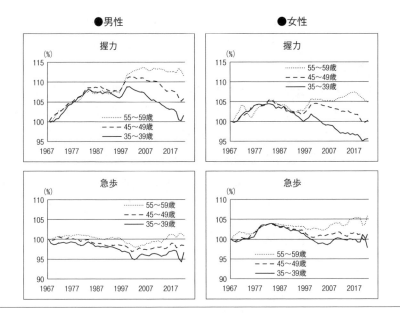

図 15-2　成人の握力および急歩の長期的な変化
（スポーツ庁「体力・運動能力調査報告書」[1] より作図）
　昭和 42（1967）年度の記録（平均値）を「100」とし，各年度の記録（平均値）を相対値で示している。図は 3 年ごとの移動平均値を用いて作成してある。

然多くのテスト項目が低い水準に留まっている（**図 15-1**）[1]。なお，幼児の体力・運動能力については，国による継続的な調査は行われていないが，上述した青少年の結果とほぼ同様の変化傾向にあることが，一部の研究者らによって確認されている[2]。

　一方，成人では青少年に比べると記録の変化は比較的小さい（**図 15-2**）[1]。しかし，50 歳代以降の世代では記録が向上傾向にあるのに対して，30〜40 歳代では停滞あるいは低下している。これは，それぞれの世代の青少年期における体力の変化傾向をよく反映した結果となって

いる。今後，青少年期の体力・運動能力の低下が顕著になり始めた世代が高齢期を迎えると，日本国民のすべてが体力低下の問題に直面することになることも予想される。

　なお，令和2（2020）年のコロナ禍による緊急事態宣言直後は，従来とは異なる条件下ではあったが体力・運動能力調査が行われ，その結果値が参考値として残されている。コロナ禍によって，人々の生活があらゆる点で大きく変化したことに疑いの余地はなく，このことが人々の運動・スポーツの実施状況や体力などにどのような影響を与えているのかについて，長期間な視野から検証していく必要があるであろう。

2. 子どもの体力低下の背景

　昭和60（1985）年頃以後，子どもの体力が急激に低下した原因について，平成14（2002）年の中央教育審議会による答申[3]では，次のように指摘されている。

① 　保護者をはじめとした国民の意識の中で，子どもの外遊びやスポーツの重要性を軽視するなどにより，子どもに積極的に体を動かすことをさせなくなった。

② 　子どもを取り巻く環境については，

・生活が便利になるなど子どもの生活全体が，日常的に体を動かすことが減少する方向に変化した。

・スポーツや外遊びに不可欠な要素である時間，空間，仲間が減少した。

・発達段階に応じた指導ができる指導者が少ない。

・学校の教員については，教員の経験不足や専任教員が少ないなどにより，楽しく運動できるような指導の工夫が不十分である。

③ 　偏った食事や睡眠不足など子どもの生活習慣の乱れが見られる。

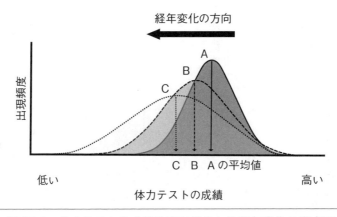

図 15-3　体力テストの成績分布に見られる経年変化の模式図

　これら以外にも様々な要因が影響を与えていると考えられるが，直接的には，体を動かす外遊びや運動・スポーツの実施が減少している影響が大きいと考えられる。実際には，積極的に運動・スポーツを行っている子どもも数多く存在していることから，よく運動をしている子どもとそうでない子どもとの間で体力差が開く，いわゆる「体力・運動能力の二極化」が進んでいることが指摘されている。すなわち，体力・運動能力が高い方に位置する子どもは今も昔も一定の数（割合）存在している一方で，著しく低い成績を示す子どもの数（割合）が増加し分布が成績の低い方へと広がりつつ平均値が低下していることが予想される（**図15-3**)[1]。

　また，全国ほぼすべての小学校 5 年生（約 107 万人）および中学校 2 年生（約 110 万人）を対象に行っているスポーツ庁の全国体力・運動能力，運動習慣等調査によれば，総運動時間（体育授業と通学時間を除く）が『1 週間に』420 分未満，すなわち 1 日平均 60 分未満の小学生はもはや普通の存在になりつつあり，中学生女子では『1 週間に』60 分未満の

270

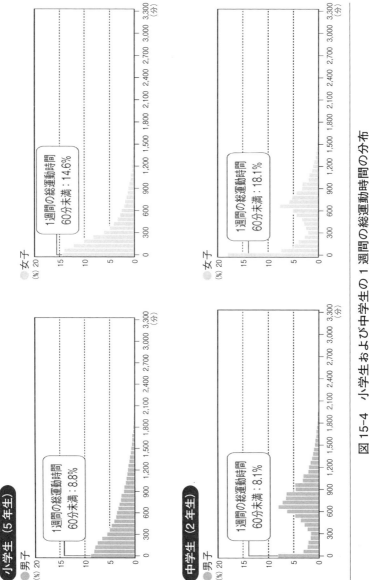

図 15-4　小学生および中学生の 1 週間の総運動時間の分布

（スポーツ庁「令和 4 年度全国体力・運動能力・運動習慣等調査報告書」[4] より引用）

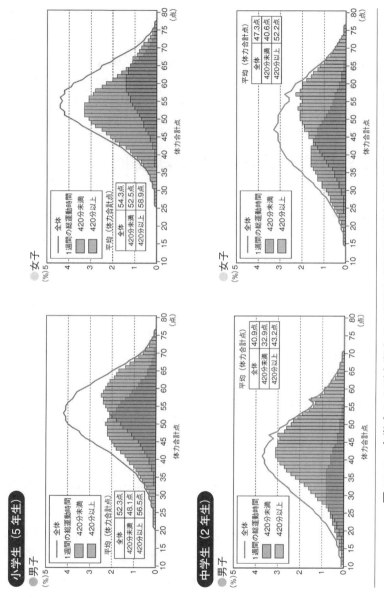

図 15-5　小学生および中学生の 1 週間の総運動時間と体力合計点との関連
（スポーツ庁「令和 4 年度全国体力・運動能力，運動習慣等調査報告書」[4] より引用）

子どもが全体の約2割にも達している（**図15-4**）[4]。また，1週間の総運動時間が420分以上とそれ未満の児童生徒を比較した場合には，両者での体力・運動能力差は明確である（**図15-5**）[4]。運動・スポーツの実施時間を十分には確保できず，体力・運動能力テスト成績が極めて低い水準を示す子どもの存在が，テスト全体の平均値を低い水準に引き留めている要因の一つとなっていると考えられる。

3. 子どもの体力・運動能力低下の問題点

平成20（2008）年の中央教育審議会の答申[5]において，「体力は，人間の活動の源であり，健康の維持のほか意欲や気力といった精神面の充実に大きくかかわっており，『生きる力』の重要な要素である。子どもたちの体力の低下は，将来的に国民全体の体力低下につながり，社会全体の活力や文化を支える力が失われることにもなりかねない。子どもの心身の調和的発達を図るためには，運動を通じて体力を養うとともに，望ましい食習慣など健康的な生活習慣を形成することが必要である。そのため，幼いころから体を動かし，生涯にわたって積極的にスポーツに親しむ習慣や意欲，能力を育成することが重要である。また…」と，体力・運動能力の重要性が述べられている。

しかし，大人が年齢とともに体力・運動能力の低下を実感することとは異なり，子どもは体力・運動能力の高低にかかわらず成長し，体力・運動能力の向上がある時期まで続く。そのため，現在の子どもの体力・運動能力が以前に比べ低い水準にあることに対する現実感は乏しく，また，体力・運動能力を培うためには外遊びや運動経験が重要であることが認識されていても，それが必ずしも十分ではないことに対する危機感は乏しい。結果として，運動経験や運動能力の獲得には至適な年齢が存在するにもかかわらず，必要とされる時期に必要とされる運動経験の機

会に恵まれないままに体の成長が進んでしまったと思われる子どもが多く見受けられるようになってきた。これまでの常識では考えられない理由でケガをする，あるいは自分の体をうまく操作できない子どもが少なからず存在することが問題となっている。

　さらに，運動不足に関連する肥満，高脂血症，高血圧症，糖尿病，ロコモなどの治療の予備軍となる子どもの数が激増しつつある。生活習慣病は，中高年齢時に重大な疾患として発症する点にその恐ろしさがあるが，その基礎的背景は子どもの頃に確立される。すでに述べた全国体力・運動能力，運動習慣等調査からも，朝食の摂取状況，睡眠時間，スクリーンタイム（学習以外でテレビやゲームの画面を見ている時間）などの生活習慣と体力テスト合計点との間に関連があることが認められている（**図 15-6**）[4]。体力・運動能力の低い子どものライフスタイルは，運動をしていない，夜更かしをする，朝起きられない，朝ごはんを食べないなどの生活習慣の誤りの負の連鎖に陥っていると考えられる。したがって，体力・運動能力の低下を問題視するもう一つの理由は，体力・運動能力テストの結果が低いことというよりも，その背後にある運動や生活習慣を現在の子どもたちが正しく身につけていないことへの懸念である。体力・運動能力の低下に歯止めをかけ，さらにそれを引き上げようとする試みは，子どもの体力や健康状態を高めるだけではなく，また国民の生涯にわたっての体力や健康，特に生活習慣病等の予防の観点からも不可欠な取り組みである（**図 15-7**）[6]。

朝食

●男子

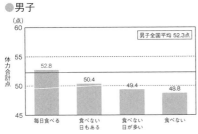

●女子

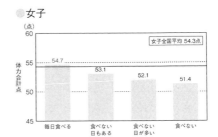

睡眠時間

●男子

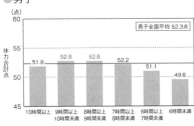

●女子

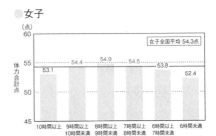

スクリーンタイム

●男子

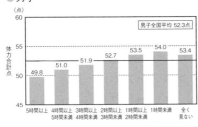

●女子

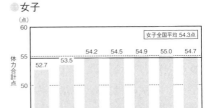

図15-6　小学生（5年生）の生活習慣（朝食の摂取状況，睡眠時間，スクリーンタイム）と体力合計点との関連

（スポーツ庁「令和4年度全国体力・運動能力，運動習慣等調査報告書」[4]より引用）

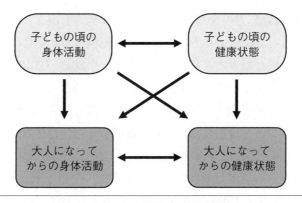

図 15-7　身体活動と健康の関係
（文部科学省幼児期運動指針策定委員会「幼児期運動指針ガイドブック」[6] より引用）

4．体力・運動能力向上への取り組み

　すべての人々がスポーツを通じて幸福で豊かな生活を営むことができる社会の実現を目指し，国はスポーツ振興法に代わる「スポーツ基本法」を平成 23（2011）年に制定した。また，これに基づいて平成 24（2012）年から 5 年ごとのスポーツ施策の具体的な方向性を示した「スポーツ基本計画」[7] を策定し，子どもの体力の向上についても，国等が取り組むべき施策や目標等を定めた。例えば，幼児期からの子どもの体力・運動能力向上方策の推進を重要な柱の一つと位置づけ，幼稚園・保育所などで幼児に関わる人たちや保護者が幼児期の運動の在り方や実施方針などを共有していくために，平成 24（2012）年に「幼児期運動指針」を策定し，「幼児は様々な遊びを中心に，毎日，合計 60 分以上，楽しく体を動かすことが大切です」という幼児期における運動の指針を公表した。この幼児期運動指針および同ガイドブック[6] には，体力・運動能力・健康といった体に関する内容だけではなく，身体活動の意義に「意欲的な心

の育成」「社会適応力の発達」「認知的能力の発達」が盛り込まれ，長期的な視野を持って国民の体力・運動能力・健康づくりを基礎から築き上げようとした取り組みとなっている。また，平成29（2017）年には第2期の「スポーツ基本計画」を策定し，引き続き子どものスポーツ機会の充実を図り，その結果として子どもの体力水準を昭和60年頃の水準まで引き上げることを目指した具体的施策を示した。しかし，新型コロナウイルスの感染拡大などの影響もあり，全国的に，子どもの体力レベルの低下傾向が進む状況は続いていた。さらに，令和4（2022）年には第3期の「スポーツ基本計画」を策定し，体育・保健体育の授業等を通じて，運動好きな子どもや日常から運動に親しむ子どもを増加させ，生涯にわたって運動やスポーツを継続し，心身共に健康で幸福な生活を営むことができる資質や能力（いわゆるフィジカルリテラシー）の育成を図ることを示した。その具体的な施策としては，地方公共団体や民間事業者等に対し，障害の有無や性別等にかかわらず幼児期からの運動習慣を形成するため，保護者・保育者等に対し，幼児期における運動の重要性や安全にスポーツを実施できる施設等に関する情報発信を行えるよう支援するとともに，すでに述べた幼児期運動指針や，この後に示すアクティブチャイルドプログラムの活用等を通じた運動遊びの機会の充実を促進することを明記している。

　国レベルでの取り組みとは別に，地方公共団体やスポーツ団体による子どもの体力・運動能力向上への取り組みも活発である。例えば，平成18（2006）年に日本体育協会（現日本スポーツ協会：JSPO）では，「日本の子どもにおける身体活動・運動の行動目標設定と効果の検証」という研究プロジェクトを立ち上げ，その研究成果として，平成22（2010）年に最低限必要な身体活動量を「1日60分以上」とするガイドライン[8]を定め，これを「アクティブ・チャイルド　60分」という言葉で表現し

図15-8　世界の「子どもの身体活動ガイドライン」

（日本スポーツ協会「JSPO-ACP アクティブチャイルドプログラム」ガイドブック[9] より引用）

カナダ
毎日60分以上の中強度以上の身体活動を行う
（5〜11歳）

アメリカ
毎日60分以上の中強度以上の身体活動を行う
（6〜17歳）

日本
毎日、最低60分以上の身体活動を行う
（3〜12歳）
様々な遊びを中心に、毎日、合計60分以上、楽しくからだを動かす
（3〜6歳）

オーストラリア
毎日60分以上（数時間まで）、中強度以上の身体活動を行う
（5〜12歳）

中国
毎日60分以上の運動を行う
（7〜22歳）

WHO
毎日60分以上の中強度以上の身体活動を行う
（5〜17歳）

イギリス
毎日60分以上の中強度以上の身体活動を行う
（5〜18歳）

シンガポール
週に5日以上、1日60分以上の中強度の身体活動を行う
（0〜18歳）

スペイン
週のうちすべて、またはほとんどの日に、60分以上の中強度以上の身体活動を行う
（青少年）

その啓発を図っている。このガイドラインでは，身体活動とは，体育の授業や少年団などでのスポーツ活動だけではなく，休み時間や放課後に行う外遊びはもちろん，徒歩や階段の利用，家事の手伝いなどの日常生活で体を動かすことを含み，いつでも，どこでも，誰とでも，体を動かすことは可能であることを意識することで，子どもの自由な活動を促すと同時に，何か特別なことをしなければならないという強迫観念のハードルを下げることの重要性が強調されている。これは，現在，発達段階に応じて必要とされる身体を操作する能力の獲得・向上を目指した運動プログラムである，アクティブチャイルドプログラム（ACP)[9) に引き継がれている。

　なお，このような子どもの体力・運動能力低下の問題は，程度の差こそあれ全世界の国々共通の問題であり，多くの国々が生活習慣病を中心とする健康問題と関連づけてその対応に取り組んでおり，子どもにとって最低限必要となる身体活動量や運動等がガイドラインとして示されている（図 15-8)[9)。

5. 元気な子どもを育むために

　体力テストの成績だけを向上させることが目的であるのであれば，単調であっても体力づくりのプログラムだけを実施すればよいが，それは単なる対症療法に過ぎない。大切なことは，子どもたちが自ら運動・スポーツに関われるように，特に幼児期や小学生年代での遊びや運動・スポーツの時間，空間，仲間を取り戻すための「しかけ」やしくみづくりにあると思われる。しかし，すでに述べたように，子どもの体力・運動能力の低下には様々な要因が影響を与えている。体力・運動能力向上への取り組みは，学校，特に体育を中心とした授業だけで実現できることには限界があり，また，運動習慣の改善には，食事や睡眠など基本的な

生活習慣や休みの過ごし方も重要になってくる。そのため，学校・幼稚園・保育所などだけではなく，家庭や地域も一体となってこの問題に取り組むことができる方策を確立しなければならない。

　また，大人，特に，体力・運動能力低下を提示し始めた世代が保護者世代となりつつあることを考慮し，保護者に対しても外遊びやスポーツあるいは体力の重要性を周知していくことが必要である。もちろん，子ども自身が体力や健康の重要性を理解できない限り，子どもにとっても受け身の体力づくりしか成立しない。そのためには日常生活における運動や遊びの持つ意義，あるいは体力や健康の重要性を，幼少期から青少年期に至るまでそれぞれの年代に合わせてよく理解してもらえるような教育プログラムを開発する必要性があるであろう。

参考文献

1) 文部省，文部科学省，スポーツ庁：体力・運動能力調査報告書. 1965-2023.
2) Sugihara T, et al.：Chronological change in preschool children's motor ability development in Japan from the 1960s to the 2000s. Int J Sport Health Sci 4：49-56, 2006.
3) 中央教育審議会：子どもの体力向上のための総合的な方策について（答申）. 2002.
4) スポーツ庁：令和 4 年度全国体力・運動能力，運動習慣等調査報告書. 2022.
5) 中央教育審議会：幼稚園，小学校，中学校，高等学校及び特別支援学校の学習指導要領等の改善について（答申）. 2008.
6) 文部科学省「幼児期運動指針策定委員会」：幼児期運動指針ガイドブック. 2012.
7) 文部科学省：スポーツ基本計画. 2012, 2017, 2022.
8) 日本体育協会監修 竹中晃二編：アクティブ・チャイルド 60 min. ―子どもの身体活動ガイドライン―. サンライフ企画，東京. 2010.
9) 日本スポーツ協会：「JSPO-ACP アクティブチャイルドプログラム」ガイドブック. 2021.

学習課題

・子どもの体力・運動能力の長期的な変化についてまとめてみよう。
・子どもの体力・運動能力が低下している要因についてまとめてみよう。
・子どもにとって体力・運動能力がなぜ重要なのかまとめてみよう。
・子どもの体力・運動能力の向上に向けた課題について考えてみよう。

索　引

●配列は五十音順

分担執筆者紹介

（執筆の章順）

町田　修一（まちだ・しゅういち）

・執筆章→2・4章

1968 年	千葉県に生まれる
1991 年	東京学芸大学教育学部卒業
現在	順天堂大学大学院教授
専攻	運動生理学，体力医学，基礎老化学
主な著書	スポーツ指導者に必要な生理学と運動生理学の知識 改訂 2 版（共著，市村出版）
	漢方によるフレイル対策ガイドブック（共著，先端医学社）
	パワーズ運動生理学（分担翻訳，メディカルサイエンスインターナショナル）
	ハッピーエイジング（共著，毎日新聞出版）
	トレーニングのための生理学的知識（共著，市村出版）
	ニュー運動生理学（共著，真興交易医書出版部）
	サルコペニアの基礎と臨床（共著，真興交易医書出版部）

大西　朋（おおにし・とも）

・執筆章→3章

1968 年	徳島県に生まれる
1992 年	東洋大学文学部卒業
1995 年	順天堂大学大学院体育学研究科修了
1996 年〜	
2012 年	順天堂大学医学部附属順天堂医院勤務
2005 年〜	順天堂大学スポーツ健康科学部　非常勤講師
2010 年	順天堂大学大学院医学研究科修了
現在	帝京大学スポーツ医科学センター　講師
専攻	運動生理学・スポーツ医学
著書	心臓リハビリテーション ―知っておくべき Tips―（第 3 章・第 1 節）（共著，中山書店）
	運動生理学の基礎と応用（第 6 章）（共著，ナップ）

田村　好史 (たむら・よしふみ)

・執筆章→5・6章

1973年	船橋市に生まれる
1997年	順天堂大学医学部卒業
2000年	カナダ・トロント大学生理学教室（研究生）
2005年	順天堂大学大学院医学研究科　博士課程修了
2007年	順天堂大学医学部内科学　代謝内分泌学講座　准教授
2014年	スポートロジーセンター・委員長（併任）
2016年	スポーツ庁　参与（併任）
2017年	順天堂大学国際教養学部　グローバルヘルスサービス領域 教授（併任）
専攻	代謝内分泌内科学・運動生理学

横山　美帆 (よこやま・みほ)

・執筆章→7・8章

1976年	東京都に生まれる
2000年	香川大学医学部　卒業
現在	順天堂大学大学院医学研究科　循環器内科学　准教授
専攻領域	循環器内科学，心臓リハビリテーション，心肺運動負荷試験，動脈硬化，心不全
主な著書・出版	運動療法×学問で考えた　心臓リハビリテーション（共著：金芳堂）
	順天堂大学医学部　健康スポーツ室式　長生き部屋トレ（共著：わかさ出版）
	おうちでできる若返りトレーニング（共著：現代けんこう出版）
	順天堂医院式　長生きおうち体操（共著：大洋図書）

石島　旨章 (いしじま・むねあき)

・執筆章→9・10章

1970年	東京都に生まれる
1996年	順天堂大学医学部卒業
2002年	順天堂大学大学院医学研究科修了
2005年	米国・国立衛生研究所（NIH）客員研究員・日本学術振興会海外特別研究員
2012年	順天堂大学大学院医学研究科准教授
現在	順天堂大学大学院医学研究科主任教授
専攻	整形外科学（膝関節外科・変形性膝関節症・骨粗鬆症）
主な著書	「変形性関節症（シリーズ・骨の話4)」（ミネルヴァ書房） 「変形性関節症（股関節・膝関節)」（法研） 「標準整形外科学　第15版」（医学書院・分担執筆者）

本井　ゆみ子 (もとい・ゆみこ)

・執筆章→12・13章

1964年	横浜に生まれる
1989年	札幌医科大学医学部卒業
2000年	アルツハイマー病の神経病理学的研究で医学博士号を取得
2018年以降	順天堂大学大学院認知症予防・診断・治療学講座 特任教授
専攻	認知症臨床診療，タウ蛋白の神経科学

戸塚　ゆ加里（とつか・ゆかり）

・執筆章→14章

1969年	東京都に生まれる
1991年	日本大学理工学部薬学科　卒業
1993年	明治薬科大学大学院薬学研究科修士課程修了
1993年	国立がんセンター研究所　発がん研究部　研修生
2003年	国立がんセンター研究所　がん予防基礎研究プロジェクト　研究員
2008年	国立がんセンター研究所　がん予防基礎研究プロジェクト　室長
2010年	国立がん研究センター研究所　発がんシステム研究分野　ユニット長
現在	日本大学薬学部　環境衛生学教室　教授
専門	化学発がん，環境発がん
主な著書	がん生物学　イラストレイテッド（共著：羊土社）2011
	実験医学　別冊9月号（共著：羊土社）2016
	実験医学　7月号（共著：羊土社）2020
	Precision Medicine　4月号（共著：北隆館）2023

編著者紹介

田城　孝雄（たしろ・たかお）

・執筆章→1章

1956年	青森県に生まれる
1980年	東京大学医学部保健学科卒業（保健学士）
1984年	東京大学医学部医学科卒業（医学士）
1988年	東京大学医学部附属病院内科学第一講座助手
1990年	米国 Michigan 大学内科　Research Fellow
1997年	東京大学医学部附属病院　医療社会福祉部　助手
2000年	東京大学より「ヒスタミン H$_2$ 受容体のリガンド認識機構の研究　—非競合的拮抗薬の理論的創薬—」にて博士（医学）の学位授与
2002年	日本医師会総合政策研究機構主任研究員
2003年	順天堂大学医学部公衆衛生学講座講師
2007年	順天堂大学医学部公衆衛生学講座准教授
2011年	順天堂大学スポーツ健康科学部健康学科教授
2012年より	放送大学教養学部教授
専門分野	内科，公衆衛生学，地域包括ケア，医療提供体制，医療連携，地域再生，まちづくり
主な著書	『在宅医療ハンドブック』（編者・共著：中外医学社）2001 『がんの在宅医療』（編者・共著：中外医学社）2002 『21世紀の医療連携』（編者・共著：日総研）2004 『在宅医療ガイドブック』（編者・共著：中外医学社）2008 『日本再生のための医療連携』（編者・共著：スズケン）2012 『地域医療提携・多職種連携（スーパー総合医）』（編者・共著：中山書店）2015 『まちづくりとしての地域包括ケアシステム —持続可能な地域共生社会をめざして—』（編者・共著：東京大学出版会）2017 『地域包括ケアシステムの深化と医療が支えるまちづくり—ソーシャルインクルージョンと SDGs—』（編者・共著：東京大学出版会）2022

内藤　久士 <small>（ないとう・ひさし）</small>

・執筆章→ 11・15 章

1960 年	静岡県に生まれる
1983 年	筑波大学体育専門学群卒業（体育学士）
1985 年	順天堂大学大学院体育学研究科（体力学専攻）修士課程修了（体育学修士）
1985 年	常葉学園短期大学講師
1990 年	順天堂大学体育学部助手
1994 年	順天堂大学体育学部講師
1995 年	米国州立フロリダ大学運動科学センター客員研究員
2000 年	順天堂大学より博士（医学）の学位授与
2001 年	順天堂大学スポーツ健康科学部助教授
2009 年	順天堂大学大学院スポーツ健康科学研究科教授
2014 年	順天堂大学大学院スポーツ健康科学研究科長
2014 年	放送大学客員教授
2016 年	順天堂大学スポーツ健康科学部長
2018 年	順天堂大学大学スポーツ健康医科学研究所長
2018 年	北京体育大学客員教授
2023 年	順天堂大学ジェロントロジー研究センター長
専門分野	運動生理学，体力学
主な著書	『スポーツ生理学』（分担執筆：市村出版）2001
	『運動とタンパク質・遺伝子』（編者：ナップ）2004
	『老化・老年病研究のための動物実験ガイドブック』（分担執筆：アドスリー）2008
	『トレーニング科学 最新エビデンス』（分担執筆：講談社サイエンティフィク）2008
	『ACSM 健康にかかわる体力の測定と評価―その有意義な活用を目ざして』（監訳：市村出版）2010
	『パワーズ運動生理学 体力と競技力向上のための理論と応用』（日本語版監修：メディカル・サイエンス・インターナショナル）2020
	『スポーツ指導者に必要な生理学と運動生理学の知識 改訂 2 版』（分担執筆：市村出版）2023

放送大学教材　1710257-1-2411（テレビ）

三訂版　健康長寿のためのスポートロジー

発　行　2024 年 3 月 20 日　第 1 刷
編著者　田城孝雄・内藤久士
発行所　一般財団法人　放送大学教育振興会
　　　　〒105-0001　東京都港区虎ノ門 1-14-1　郵政福祉琴平ビル
　　　　電話　03（3502）2750

市販用は放送大学教材と同じ内容です。定価はカバーに表示してあります。
落丁本・乱丁本はお取り替えいたします。

Printed in Japan　ISBN978-4-595-32461-1　C1375